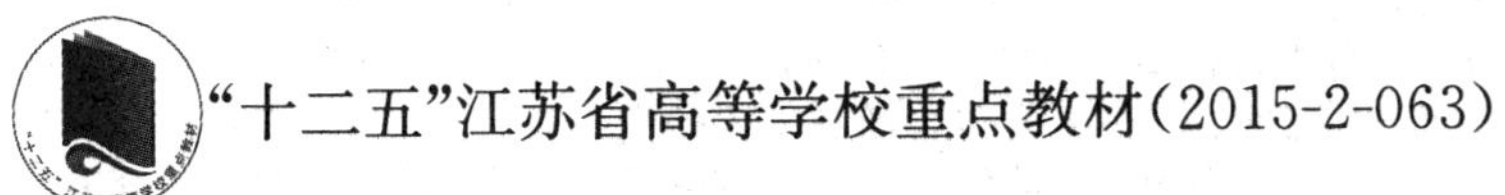

商务信息采集与处理

——项目化教程

主　编　陈　君

副主编　全巧梅

东 南 大 学 出 版 社

·南京·

内 容 简 介

本教材是集 Photoshop CS6、摄影与摄像、网络平面广告设计、商务信息检索四门课程的综合产物，以Photoshop CS6 为核心技术来对商务信息进行处理的项目化教程，同时也是目前具有独创性的教材。

教材分为三大组成部分：上篇：商务信息的采集（主要包含商务文字信息与图片信息的采集）；中篇：商务信息的处理（主要包含商务文字信息、图片、视频信息的处理）；下篇：商务信息的综合处理（主要包含五个真实商务平面广告项目的综合处理）。教材在内容安排和组织形式上以工程项目为主线，按项目教学的特点分五个部分组织教材内容，方便学生学习和训练。

本书既适用于高职高专的电子商务、计算机应用、广告设计及相关专业，可作为五年制高职、中职学生使用教材，也可作为短期培训和技能竞赛培训的案例教材，对于初学者和自学者尤为适合。

图书在版编目(CIP)数据

商务信息采集与处理：项目化教程 / 陈君主编. —南京 ：东南大学出版社，(2018.8 重印)
ISBN 978-7-5641-6522-2

Ⅰ. ①商… Ⅱ. ①陈… Ⅲ. ①电子商务—经济信息—数据采集—教材 Ⅳ. ①F713.36

中国版本图书馆 CIP 数据核字(2016)第 110613 号

商务信息采集与处理：项目化教程

出版发行：东南大学出版社
社　　址：南京市四牌楼 2 号　邮编：210096
出 版 人：江建中
网　　址：http://www.seupress.com
经　　销：全国各地新华书店
印　　刷：南京玉河印刷厂
开　　本：787mm×1092mm　1/16
印　　张：14.75
字　　数：347 千字
版　　次：2016 年 6 月第 1 版
印　　次：2018 年 8 月第 2 次印刷
印　　数：2001—3000册
书　　号：ISBN 978-7-5641-6522-2
定　　价：33.00 元

本社图书若有印装质量问题，请直接与营销中心联系。电话：025—83791830

前言

如何将电子商务的理论与实践一体化教学落到实处，是编者多年来一直研究的课题。本书首次将内容以项目化的形式呈现，它对传统的教学内容进行了重构，开展基于工作过程以行动为导向的项目化教材设计与改革。

一、教材编写思路

首先，确定“以学生为主体”的理念。充分考虑到学生接受知识锻炼能力的循序渐进性。

其次，充分体现职业性。编写人员来自具有区域代表性的示范高职院校和知名电子商务企业，保证了教材内容和职业标准与岗位要求相衔接，充分体现了职业性。根据高职学生的特点，满足其职业所需的知识和技能，直接反映职业岗位或职业角色对从业者的能力要求，从实际应用的经验与策略为主，以适度的概念和原理的理解为辅，依据职业活动体系的规律来编写教材。

最后，以工程项目为主线。采取以工作过程为中心的行动体系，以项目为载体，以工作任务为驱动，以学生为主体，教、学、做一体的项目化教学模式。

二、教材编写原则

（一）职业性

教材选取的教学训练项目均来自于电子商务企业，并对电子商务中的美工与网络广告设计等相关岗位活动中的项目进行优选和提炼，这些项目能够涵盖职业岗位相关知识、能力和素养的要求，具有鲜明的职业性。

（二）科学性

在项目的程序化和工作任务的编排中，按职业教育的特点、学生的认知规律和能力的成长过程科学地设计与安排。本教材按照课程体系的逻辑次序，递进式安排了十二个项目，每一个教学项目，根据相应的知识、能力和素质要求，按循序渐进、深入浅出的原则和工作逻辑去编排工作任务、设计工作步骤。

（三）操作性

项目化教学活动需要围绕职业能力目标的实现，按职业岗位活动和实际工作流程来组织实施的，保证学生在实际学习中的可操作性。

三、教材的编写

本教材的大纲经历了长时间的酝酿和讨论，编写也花费了很长时间，更不用说前期材料的准备了。参与本书编写工作的有全巧梅、吴婷婷、黄亚飞、王理、陈燕、武刚、凌春山，在此表示感谢。

本教材的结构是一种新的尝试，教材能否得到同行的认可，能否给教学带来全新的感受，都要经过实践的检验。由于作者水平有限，错误之处在所难免，恳请各位读者给予指正。

陈君

2016 年 4 月

上篇:商务信息的采集

☞中篇:商务信息的处理

☞下篇:商务信息的综合处理

上篇：商务信息的采集

项目一　网络平面广告的认知

项目概要

通过对网络平面广告基础知识点的学习，了解什么是平面广告，什么是网络平面广告。与传统广告媒体比较，网络广告的自身优势决定其会受到大众的青睐。

项目分析

通过对平面广告、网络平面广告的收集、分类、分析，清晰了解网络广告在现代广告业中的重要地位，理解网络平面广告的各种发布形式。

模块一　项目知识

一、图像的基础知识

1. 图像是合成处理的基本元素，是我们进行编辑的直接对象。

2. 图像的基本特点是，它是平面的，它是我们生活的这个立体的、三维的现实世界投射到一个二维平面上的结果。

3. 用来进行数字合成的图像，一般来源有三种：

(1) 利用摄影机、摄像机拍摄到的画面。

(2) 人工绘制的画面，包括用传统的纸笔画出的画面，或用 Photoshop 或 Painter 等绘图软件绘制的数字画面。

(3) 由计算机自动生成的画面(Computer Generated Images，缩写为 CGI)，一般由三维动画软件生成。

4. 图像数字化的两种方式

(1) 扫描。可以利用我们常见的平板扫描仪扫描照片、绘画等，或利用专业的胶片扫描仪将电影胶片扫描到计算机中。

(2) 视频采集。一般利用专门的视频采集卡，将摄像机拍摄的视频信号采集到计算机中。

5. 数字图像的基本知识

(1) 像素。在计算机绘图中，像素是构成图像的最小单位，越高位的像素，拥有色彩越丰富，就越能表达颜色的真实感。

(2) 图像分辨率。图像分辨率是指图像中每单位打印长度显示的像素的数目，通常用“像素/英寸”来表示。高低分辨率的区别就是在于图像中包含的像素数目。相同打印尺寸下，分辨率越高，图像中像素数目越多，像素点就越小，保留的细节就越多，画面就越清晰。但是分辨率高，则会占用很大的电脑内存，在打印时速度也会较慢。

6. 图像色彩的基本知识

基础色彩包括红色、橙色、黄色、绿色、蓝色、紫色六种颜色。

(1) 红色

红色可以在冷与暖、模糊与清晰、明与暗之间进行广泛的变化而不会毁坏自身特性。红色是一种冷酷地燃烧着的激情，红色自身存在着一种结实的力量。与红色相关的事物有：火、血、太阳、苹果、喜悦、热情、活力、势力、革命、积极、愤怒、警觉、卑俗等。在深红的底子上，红色平静下来，热度逐渐降低；在蓝绿色的底子上，红色就像炽烈燃烧的火焰；在黄绿色的底子上，红色变成一种冒失、鲁莽的闯入者；在橙色的底子上，红色似乎被郁积着，暗淡而无生命。红色让人热血沸腾，激情洋溢，活力顿生。红色在与其他色混合时，要改变其色相比任何色都难。它既可以表达崇高，也可以表示凶狠，在古代西方则象征肉欲。

红色的心理特征：热情、活泼、引人注目、热闹、艳丽、疲劳、幸福、吉祥、革命、公正、喜气洋洋、恐怖。

红色加白（明清色）的心理特征：幼稚、娇柔。

红色加黑（暗清色）的心理特征：枯萎、固执、孤僻、憔悴、烦恼、不安、独断。

红色加灰（浊色）的心理特征：烦闷、哀伤、忧郁、阴森、寂寞。

(2) 橙色

橙色是黄色和红色的混合色，是暖色系中最温暖的色，显得甜蜜而富足。用黑色掺和时，它会衰退为模糊的、含蓄的、干瘪的褐色；将这褪色淡化，就可获得灰褐色调子，它在宁静亲切的室内会产生温暖慈祥的气氛；橙色与蓝色的搭配，构成了最响亮、最欢快的色彩。橙色没有红色鲜艳夺目，可它比红色成熟，它没有黄色响亮高傲，可没有它，黄色会失去厚重的稳定性。一般说来，橙色象征秋叶、灯火、橘子、沙漠、温暖、活泼、快乐、热烈、嫉妒、虚伪。

橙色的心理特征：光明、温暖、华丽、甜蜜、欢喜、兴奋、冲动、力量充沛、引起人们的食欲，同时也给人以暴躁、嫉妒、疑惑。

橙色加白（明清色）的心理特征：细嫩、温馨、暖和、柔润、细心、轻巧、慈祥。

橙色加黑（暗清色）的心理特征：沉着、安定、古香古色、深情、老朽、悲观、拘谨。

橙色加灰（浊色）的心理特征：沙滩、故土、灰心。

(3) 黄色

黄色是亮度最高的色彩，在高明度下能保持很高的纯度，但当它混入灰色、黑色或紫色时则会失去光芒。黄色可以视为一种较为浓密和厚实的白色，在黄色到红色的色带中央，我们可以看到橙色。金黄色以亮光的力量显示出物质的最高纯度，这种光缺乏透明性，但似乎没有重量。黑色或紫色的衬托可以使黄色产生强烈的神秘感。

黄色代表明亮高傲，神圣不可侵犯。黄色也是最脆弱的，对它的明度、强度、纯度、色相稍作影响，其面貌就大为改变。它掺不得一点假，它的专一在光谱六色中绝无仅有，这就是帝王使用黄色的原因。在古代，画家们用加了灰的黄色表示猜忌、背忌，用对黄色的侵犯来表示对善、美的亵渎。与黄色相关的事物有：黄金、月亮、香蕉、柠檬、智慧、希望、发展、愉快、活泼、光明、轻薄等。

黄色的心理特征：明朗、快活、自信、希望、高贵、贵重、进取向上、德高望重、富于心计、警惕、注意、猜疑。

黄色加白（明清色）的心理特征：单薄、娇嫩、可爱、幼稚不高尚、无诚意。

黄色加黑（暗清色）的心理特征：没希望、多变、贫穷、粗俗、秘密。

黄色加灰（浊色）的心理特征：不健康、没精神、低贱、肮脏、陈旧。

(4) 绿色

绿色是介于黄色与蓝色之间的颜色；绿色中包含的蓝色多些或黄色多些都会使它的表现特征发生变化。如果用橙色把黄绿色的活力增加到最大限度，很容易使它具有粗劣庸俗的性质。在绿色和蓝色的对比中，它具有一种冷色的生动有力的拓展性。与绿色相关的事物有：草木、森林、河水、花园、安全、健康、和平、青春、新鲜、旅行等。绿色代表生命的统治者，寓意丰饶、充实、平静、希望、知识和信仰等。它比任何色彩都温和而不失个性和感情倾向，任何时候都能给人以抚慰与温情。绿色和平，绿色食品，绿色环境，绿色的生活追求，已成为新世纪的时尚。绿色从田园走向都市，从远古走向未来，是一种最为自然和人性的颜色，它所代表的人文关怀精神是其他色彩难以企及的。

绿色的心理特征：草木、自然、新鲜、平静、安逸、安心、安慰、和平、有保障、有安全感、可靠、信任、公平、理智、理想、淳朴、平凡、卑贱等。

绿色加白（明清色）的心理特征：爽快、清淡、宁静、舒畅、轻浮。

绿色加黑（暗清色）的心理特征：安稳、自私、沉默、刻苦。

绿色加灰（浊色）的心理特征：湿气、倒霉、腐朽、不放心。

(5) 蓝色

蓝色是消极的，但又是积极的。蓝色是最冷的颜色，也是三原色中最谦虚、内向、毫不夸张的颜色。它同神经系统有联系，表现出一种平静、理智与纯净。

与蓝色相关的事物有：海洋、天空、大气、湖泊、诚实、沉静、悠久、理智、冷淡、水、晴朗、清爽、消极、阴忧、保守、思考等。蓝色宁静、通透、辽阔、深远。人们把它尊为唯一能代表当代文明的色彩。蓝色并不能抽象一切，掩盖一切，然而最明亮的天空和最黑暗的夜晚都是蓝色。在东方，蓝色曾一度象征着不朽。在西方，蓝色表示信仰，它的使命是把精神和灵魂召唤到无限的高尚境界。

纯色的心理特征：天空、水面、太空、寒冷、遥远、无限、永恒、透明、沉静、理智、高深、伶俐、沉思、简朴、忧郁、无聊。

蓝色加白（明清色）的心理特征：清淡、聪明、伶俐、高雅、轻柔。

蓝色加黑（暗清色）的心理特征：奥秘、沉重、大风浪、悲观、幽深、孤僻。

蓝色加灰（浊色）的心理特征：粗俗、可怜、笨拙、压力、贫困、沮丧。

(6) 紫色

紫色是非知觉的色，它的感情传达是奥妙、神秘的，给人印象深刻，有时给人以压迫感，并且因对比的不同时而富有威胁性，时而富有鼓舞性。

与紫色相关的事物有：葡萄、茄子、紫藤、优雅、高贵、神秘、婉转、壮丽、不安、永恒、经典等。紫色处于冷暖之间游离的状态，容易引起心理上的消极感与低调感。它不像其他一些色彩那样神采飞扬，然而它在冷暖之间的摇摆游动使它比任何色彩都显得不甘平庸而骚动不安。毫厘间的出入就有可能划分出高贵和邪恶，稍不留神优雅和甜蜜就会变成恐怖与苦涩，仔细地玩味紫色，我们还是能分辨出蒙昧与执著、迷信与虔诚、圣洁的爱与冷酷的心。

紫色在宏观世界中的量是很少的，它不像绿色、红色那样常常笼罩一切，因而它所表达的情绪往往很精致，也很深邃，是一种被精心加工过的精致和积淀，处于情感金字塔的塔尖。紫色的表现价值在于它能表现混乱、死亡和兴奋。蓝紫色表现孤独与献身，红紫色表现神圣的爱和精神的统辖。

紫色的心理特征：朝霞、紫云、紫气、舞厅、咖啡厅、优美、优雅、高贵、娇媚、温柔、昂贵、自傲、美梦、虚伪、魅力、虔诚。

紫色加白(明清色)的心理特征：女性化、清雅、含蓄、清秀、娇气、羞涩。

紫色加黑(暗清色)的心理特征：虚伪、渴望、失去信心。

紫色加灰(浊色)的心理特征：腐烂、厌弃、回忆、忏悔、矛盾、枯朽。

(7) 白色

白色是不含纯度的颜色，除因明度而感觉冷外基本为中性色，在明度及注目率方面都相当高，由于白色为全色相，能满足视觉的生理要求，与其他色彩混合均能取得很好的效果。

白色的心理特征是：洁白、明快、清白、纯粹、真理、朴素、神圣、正义感、光明、失败等。

(8) 黑色

黑色为全色相，也是没有纯度的颜色，与白色相比给人以暖的感觉，黑色在心理上是一个很特殊的色，它本身无刺激性，但是与其他色配合能增加刺激，黑色是消极色，所以单独使用时嗜好率低，可是与其他色彩配合均能取得很好的效果。

黑色的心理特性是：丧服、葬仪、黑暗、罪恶、坚硬、沉默、绝望、悲哀、严肃、死亡、恐怖、刚正、铁面无私、忠毅、粗莽等。

(9) 灰色

灰色为全色相，是没有纯度的中性色，它完全是一种被动性的色，由于视觉最适应看配色的总和为中性的灰色，所以灰色是最为值得重视的色，它的视认性、注目性都很低。所以很少单独使用，但灰色很顺从，与其他色彩配合可取得很好的效果。灰色的相关事物有：阴天、灰尘、阴影、烟幕、乌云、浓雾、灰心、平凡、无聊、模棱两可、消极、无主见、谦虚、颓丧、暧昧、死气沉沉、随便、顺服、中庸等。

在这里需要强调的是，上述所讲色彩，说的并不是某种单一的颜色，而是颜色氛围，也可以理解成对颜色的感觉，我们在用颜色布置画面的时候，可以根据相应的主题，相应的要求，来营造色彩环境，色彩感觉。各种颜色之间的搭配关系也是非常重要的，这都需要我们在实践中不停地摸索。

任何一种色彩在广告摄影中都不是孤立、单独地存在的，所以在了解上述色彩知识的前提下，我们还应该了解一些各种色彩的搭配对于广告摄影画面暗喻表现的影响。这正是我们要在下面学习的。

7. 色彩的搭配

色彩的搭配，可以从饱和度、明度、对比色等方面加以理解。

(1) 饱和度

色彩含原色的纯度、饱和度越高，就越具有冲击力、震撼力、感染力，越能表现出热烈、鲜明、兴奋、欢快等气氛；但处理不好会增加“火”气，失去协调感。

色彩含原色的纯色、饱和度越低，则越具有神秘、典雅、高贵、质朴等特点，同时会减少“火”气，提升协调感。若处理不好画面就会发灰，给人脏的感觉。

(2) 明度

色彩的明亮程度也就是色彩的反光率。例如，在动物界，蜜蜂身体的颜色有很高的反光率，我们称之为警戒色。但在我们的衣着上面，蜜蜂装倒是很可爱的样式。在不同季节的着装上，冬装的明度相对要低一些，而到了春夏两季，也许是阳光明媚的原因，我们的着装，明度变高了很多。

(3) 对比色

在色相环中每一个颜色对面(180 度对角)的颜色称为对比色(互补色)。把对比色放在一起，会给人强烈的排斥感。若混合在一起，会调出浑浊的颜色。

二、网络广告的质感特性

随着互联网的高速发展，网络广告作为网站收入的主要来源而备受关注，并且被作为一个新广告媒体的代表而广受赞誉。同传统的广告媒体相比，基于网络媒介的网络广告拥有众多传统媒体无法达到的优点，已经受到众多用户的青睐。

网络广告主要的特性体现在以下几个方面：

(1) 网络广告传播的广泛性

网络广告传播可以通过国际互联网络把广告信息全天候、24 小时不间断地传播到世界各地，这可以说是风雨无阻的传播。网民可以在任何地方的 Internet 上随时随意浏览广告信息，这些效果是传统媒体是无法达到的。实际上这正是网络媒介区别于传统媒介的传播优势之一，体现在网络广告上就是可以面向全世界发布。不过，这个优势对于很多客户来说，似乎并不具有非常强烈的吸引力。

众所周知，企业都希望自己的广告针对特定区域的人群，而不是面向所有人，否则会导致吸引力以及广告效果下降。例如，保健药厂商希望广告的受众是需要保健药的人群。这样的要求也导致一些传统的行业对网络广告产生一种误会，比如房地产，因为房地产商服务对象具有强烈地域性，主要面向一个城市的居民和企业。因此，在当地的报纸、电视台、路边投放广告，效果无疑比“面向全世界”的网站要好。可以这么说，无论什么企业其营销策略归根到底都要针对于某一地区、某一部分人。由此可见，网络广告传播的广泛性的这个特性，还没有完全体现为网络广告的优势。

(2) 网络传播信息的非强迫性

报纸、杂志、电视、广播、户外等传统传媒在传播信息时，都具有很大的强迫性，强迫观众接受它们所传播的信息。而网络传播的过程则完全是开放的，非强迫性的。这一点同传统传媒有本质的不同。从人性化的角度看，网络传播的开放性是一个非常得网民心的优点。不过，从广告效果上来说，传统媒介信息的强迫性传播固然会引起受众的反感，但这样的传播方式能够保证广告信息为人所接收到，实际上有利于广告的经营。多数的广告客户在考虑投放广告时所考虑的往往是该广告能否让更多的人接收到它，而不是让更多的人主动去选择它。

网络作为新的传播媒体，其开放性和自由性是前所未有的，借助网络传播优势的有力翅膀，在传播的空间自由的翱翔。

(3) 广告受众数量的可统计性

利用传统媒体做广告，无法准确地测算有多少人接收到所发布的广告信息，更不可能统计出有多少人受广告的影响而做出购买决策。网络广告则可以通过受众回应的 E-mail 直接了解到受众的反应，还可以通过设置服务器端的 Log 访问记录软件随时获得本网址的访问人数、访问过程、浏览的主要信息等记录，以及这些用户查阅的时间分布和地域分布，以随时监测广告投放的有效程度，从而及时调整营销策略。传统媒体广告效果的测评一般是通过邀请部分消费者和专家座谈评价，或调查视听率发行量 ，或统计销售业绩分析销售效果。在实施过程中，由于时间性不强(往往需要上月的时间)，主观性影响(调查者和被调查者主观感受的差异及相互影响)，技术失误造成的误差，人力物力所限样本小等原因，广告效果评定结果往往和真实情况相差较远。网络广告效果测评由于技术上的优势，有效克服了传统媒体以上不足，表现在:更及时、更客观。

(4) 网络信息传播的感官性

网络广告可以使消费者能全方位亲身“体验”产品、服务与品牌，还可以在网上进行预定、交易和结算，这些是传统媒体所无法实现的。相比之下，同样是在媒体上进行销售活动，无论是电视台的电视购物还是报纸杂志的邮购，都无法同网络竞争。与传统广告媒体相比，互动性是网络广告最显著的优势。首先，网络广告可实现多种交流功能:消费者除了可以自由地查询信息外，还可以通过客服向该公司进一步咨询、订货，从而在单一媒体上实现了整个购买过程，产品信息几乎在生产的同时，就可同步传递到用户网中，等于在同一时间对无数受众做了广告宣传。这一点是传统媒体难以做到的。其次，网络广告趣味性强:网络广告的内容完全控制在浏览者手中，他们可以根据自己的兴趣和目标按动屏幕上的按钮，连接并获得所需要的信息，浏览者成了广告的“主宰”，这成为吸引众多消费者的一个主要原因。最后，网络广告提高了目标顾客的选择性:与传统广告不同，网络广告的启动，需要目标群体的主动搜寻和连接，属于“软件广告”。而主动搜寻本公司广告的消费者往往带有更多的目的性，提高了广告的促销作用。

(5) 网络信息传播的交互性

对于网络广告，只要受众对该广告感兴趣，仅需轻按鼠标就能进一步了解更多、更为详细、生动的信息。最能够体现网络传播交互性的是电子商务网站，这类网站对商品分类详细，层次清楚，可以直接在网上进行交易。

不过，目前的网络带宽使得网络广告在发挥交互性时不得不面对种种限制，消费者其实并不能够"全方位亲身体验"产品，网络广告号称是多媒体，图、文、影、音并茂，可实际上无法做到这一点。目前的网络广告内容上虽然比报纸、电视多，但是在传播效果上，不如电视广告等传统媒体的广告有震撼力。可见，网络广告的互动性优势由于网络条件的限制被抵消掉了不少，网络广告要想有更大的发展，必须在网络技术上有新的突破性的进步。

(6) 网络传播灵活的实时性

在传统媒体上发布广告后更改的难度比较大，即使可以改动也需要付出很大代价。例如，电视广告发出后，播出时间就已确定。因为电视是线性播放的，牵一发而动全身，播出时间改一下，往往全天的节目安排都要重新制作，代价很高，如果对安排不满意，也很难更改。而对于网络广告而言则容易多了，因为网站使用的是大量的超级链接，在一个地方进行修改对其他地方的影响很小。网络广告制作简便、成本低，容易进行修改。当然，随着网络技术的进步和网络带宽的改善，为了追求更好、更震撼的效果，网络广告的制作会越来越复杂、体积会越来越大，修改也会相应的提升成本，同电视媒体广告的差距会越来越接近。但是从目前来说，修改一个典型网络广告的成本和难度都比传统媒体要小的多，这就是网络广告对于传统广告的一个很大的优势。

三、网络平面广告

平面广告可按载体分为印刷广告和电子网络广告两大类。

印刷广告，是指以印刷技术为手段或印刷品为载体传播商品或服务信息的广告形式。主要包括报纸、杂志、商品说明书、包装纸、邮递等广告类型。印刷广告曾经是广告的主要形式，目前仍然被普遍使用。

电子网络广告，是指以电子信息技术、电子媒体来传达广告信息的广告形式。主要包括电视广告、网络广告、电子显示屏广告等。

网络平面广告的视觉构成要素主要有文字、图形和色彩。文字包括标题、正文、标语、附文等；图形包括绘画、照片、图案、商标、图样等；色彩则因广告内容、形式及针对人群的特点而异。

网络平面广告的视觉特征主要表现为以下几个方面：

(1) 强烈的视觉冲击力

好的平面广告，其画面是应该有非常强烈的视觉吸引力，标题简单明确，色彩搭配得当，图片和文字能够呼应，恰当的传达出广告要表达的主题和含义。

(2) 清晰明了的信息内容

通过简单明了的信息内容高度概括了商品或服务信息的优点、特征，强调受众的需求点、利益点，让读者一目了然，铭记于心。

(3) 鲜明的品牌形象

广告画面要符合稳定、统一的商品品牌形象。宣传同一系列的主题，其画面风格、标语应表现一致和连贯。

四、网络平面广告的形式

网络广告按发布方式的不同主要有以下几种表现形式：

1. 标语式广告

Banner 是网络广告最初采用的形式，也是网络广告的主要形式。Banner 也可译为网幅广告、旗帜广告、横幅广告等。其尺寸多为 460 * 80 pixels(像素)，也可根据需要作适当调整，其位置多位于页面上方，也可以根据需要另行安排。浏览者只要点击它，就能进一步看到更加详细的信息，这就使其他的传统媒体无法与之相比。吸引网民注意标语式广告本身——一个标题或一个招牌——就已经在一定程度上起到了广告的作用，但这还不够，标语式广告还要力求吸引网民走向更深处——点击进入，阅读广告内容。吸引更多人的注意，争取更多的点击率，这是广告设计者在设计时必须考虑的重点。

2. 按钮式广告

按钮式广告，也叫图标式广告，是标语式广告的特殊形式，其制作方法、付费方式和自身属性与标语式广告没有区别，仅在形状和大小上有所不同。最常用的按钮广告的尺寸有四种，它们分别是：125×125(方形按钮)，120×90，120×60，88×31，单位：像素(pixels)。由于尺寸偏小，表现手法较简单，一般只是一个标志性的图案构成，常常是商标或厂徽等，没有广告标语，所以它的信息量十分有限，吸引力比较差，只能起到一定的提示作用。按钮式广告可以被设置于网页的任何一处，图标在主页上是不动的，通过点击可链接到客户的广告内容上去，许多非业内人士看好这项广告。网上按钮因为经常能带来免费下载软件的缘故，所以被接受的速度快于标语广告，并取得巨大的成功。

3. 聊天室广告

聊天室已经成为很多网民喜爱去的一个地方，因而很多网站在聊天室推出广告。去聊天室的网民常被认为是有充分的时间的人，会有时间点击他们感兴趣的标语式广告。即使聊天者不愿点击广告而使自己脱离讨论，因为他们在聊天室待的时间比较长的缘故，标语式广告也会受到相当多的关注而收到较好的效果。

4. 赞助式广告

很多网站找一些企业做赞助商，让它们赞助一个与它的业务相关的网页或栏目。网站则提供给企业相当的广告的显示数量，赞助式广告与标语式广告的不同之处在于，前者的留置时间较长，也不必与其他广告轮流滚动。这种广告形式对于想做品牌广告的客户尤其合适。赞助式广告分为三种赞助形式：

(1) 内容赞助；

(2) 节目赞助；

(3) 节日赞助。

5. 插页式广告

插页式广告，又名“弹跳广告”，广告主选择自己喜欢的网站或栏目，在该网站或栏目出现之前插入一个新窗口显示广告，面积大小从正常页面的 1/4 到占据整个网页都有。这是一种强迫性广告，易引起网民的反感。

6. 游戏广告

游戏和广告在不断创造奇迹的互联网被巧妙地结合起来，从而形成了一种以游戏为传播载体的新形式。在一段网络游戏开始、中间、结束的时候，广告都可随时出现。并且可以根据广告主的产品要求为之量身定做一个属于自己产品的互动游戏广告。其广告形式多样，例如：圣诞节的互动游戏贺卡，在欣赏完整个贺卡之后，广告会作为整个游戏贺卡的结束页面。相对于许多网络广告“硬推”式的宣传模式，广告游戏的娱乐性使它可以引起消费者的自发关注和参考，吸引消费者主动寻找广告游戏来玩。而且在这一过程中，消费者对广告不会产生抵触的反感情绪，可以达到一种很理想的广告传播效果。

7. 关键字广告

关键字广告有两种基本形式：一是关键字搜索结果页面上方的广告横幅，可以由客户买断。这种广告针对性强，品牌效应更好，点击率更高；二是在关键字搜索结果的网站中，客户可以根据需要购买相应的排名，以便提高自己网站被搜索者点击的几率。当广告主买下流行搜索引擎的流行关键字，凡是输入这个关键字的用户都可以被吸引到他的网站（网页）上去。

8. 分类广告

网络分类广告在美国达到了市场总量的 20%，是人们日常浏览互联网的主要内容之一。调查显示：我国网民对分类信息的接受程度相当高，有 67%的网民认为自己会根据网络提供的分类信息进行了消费。网络分类广告要求做到：首先，标题要引人注目，上网者往往会首先点击他们感兴趣的标题。其次，内容要简练翔实，文字介绍最好将重点放在产品上，提供较实际的技术指标也是很好的方法，但不要过于繁琐，太长的广告会使人失去兴趣。最后，要有精心选择的图片，这对提升产品的形象大有好处。

9. E-mail 广告

E-mail 广告又可分为两种表现形式，一种是有广告支持的 E-mail，广告形式以 Banner 为主，广告体现在拥有免费电子邮件服务的网站上，广告会出现在个人邮箱的主页上。一些主要的门户网站对使用他们 E-mail 阅读器的用户免费提供服务，当用户收发 E-mail 时，广告就会在设定好的时间轮流播放；另一种是直邮广告，利用网站电子刊物服务中的电子邮件列表，将广告加在每天读者所订阅的刊物中发放给相应的邮箱所属人。这种直接 E-mail 方式是为用户接受的，因为网络公司的 E-mail 地址清单上的每一个人都是自愿加入并愿意接收他们所感兴趣的信息的。同时，我们应该注意到，垃圾邮件是 E-mail 广告的大敌，让用户感到气愤，不仅严重伤害了电子邮件广告的声誉，同时也对企业形象造成了伤害。

10. BBS 广告

BBS(Bulletin Board System)是一种以文本为主的网上讨论组织。在这里，可以通过网

络以文字的形式与别人聊天、发表文章、阅读信息、讨论某一问题或在站内通信等。可以在访客多的 BBS（电子公告板）上发布广告信息，或开设专门的信区研讨解决有关问题，传播新信息等。USENET 由众多的在线讨论组组成，其中一个一个的组叫新闻组或讨论组，广告主可以选择不同的专题进行广告投放。通常来讲，每一个新闻组都有自己讨论的主题，并且有自己的特殊规则，发布纯赢利性质的广告被认为是粗野和无礼的，所以你只有在讨论组中单独挑起一个话题，并保证它有足够的吸引力，才能获得回应，也才有可能达到广告的目的。

模块二 项目任务

任务一 平面广告的认识

任务描述：收集平面广告，如电影海报、公益招贴、商品广告、POP 等。了解平面广告的各种形式，分析其中文字、图片所传递的信息。

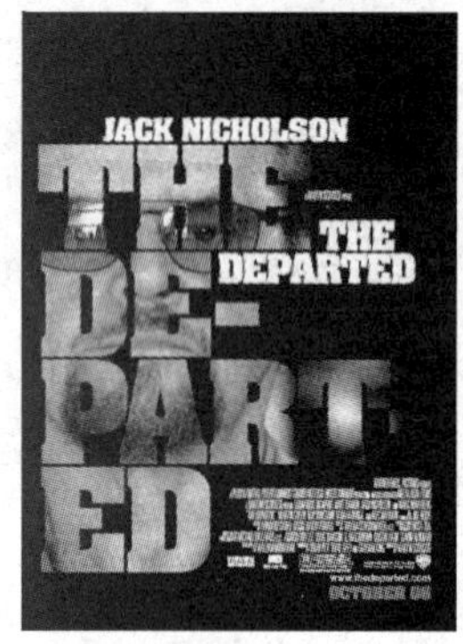

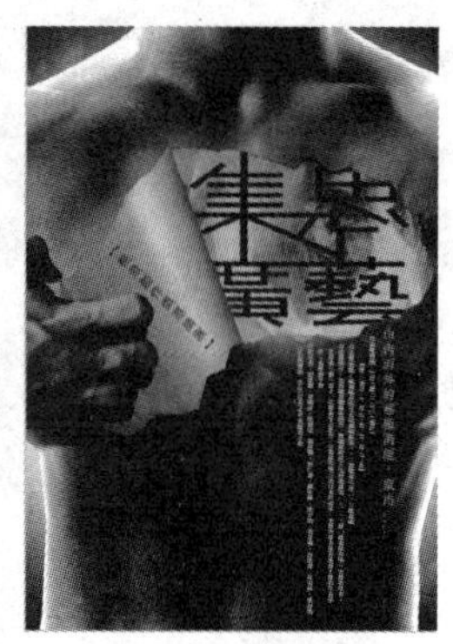

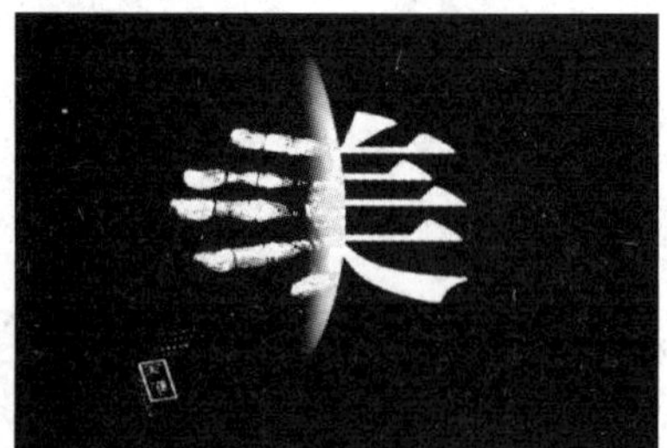

图 1-1　各类平面广告

任务二　网络平面广告的认识

任务描述：在网络上收集系列平面广告，如刘翔为耐克所代言的系列。注意人物或主题物自身所拥有的特质在商品广告中的运用，及其产生的强烈共鸣。

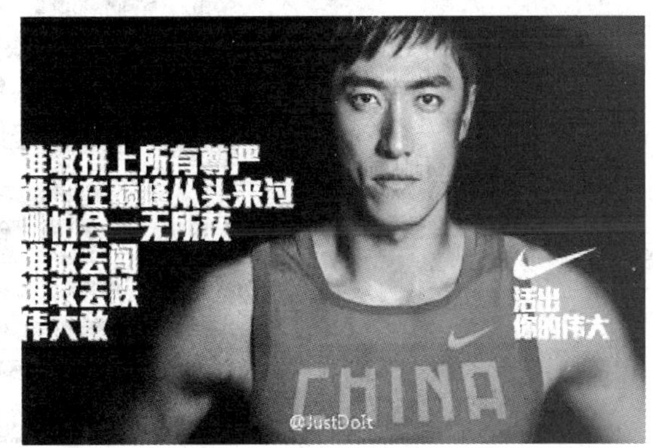

图 1-2　系列平面广告

任务三　网络平面广告形式的认识

任务描述：按发布方式的不同在网络上收集网络广告具有以下几种表现形式。

1. 标语式广告

图 1-3　标语式广告

2. 按钮式广告

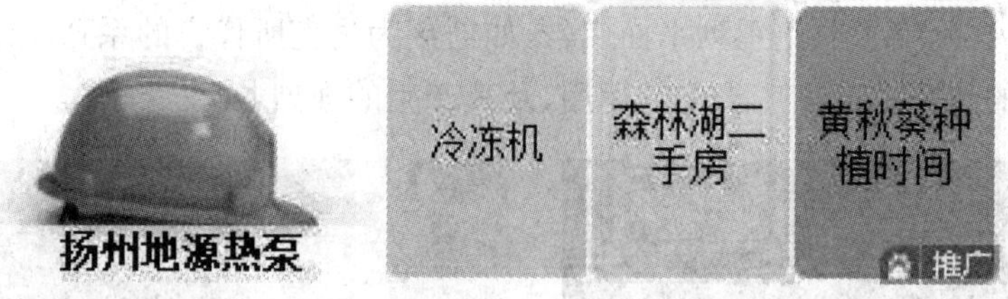

图 1-4 按钮式广告

3. 插页式广告

图 1-5 插页式广告

4. E-mail 广告

图 1-6 E-mail 广告

5. 游戏广告

图 1-7　游戏广告

项目小结

通过了解图像的基础知识与网络广告的质感特性的相关内容，具备对商务信息的采集与处理基础知识。掌握网络平面广告概念与网络广告的表现形式，具备商务信息最为形象的认识，为今后商务信息的采集与处理打好基础。

基本练习

1. 图像的基础色彩包括哪六种？
2. 紫色给人以何种心理暗示？
3. 网络广告主要的特性体现在哪几个方面？
4. 网络平面广告的视觉特征？
5. 网络广告按发布方式的不同有哪几种表现形式？

拓展训练

浏览搜狐网站观察网站主页面中有哪几种网络广告的形式。认定一种网络广告（如按钮广告），仔细研究此网络广告的颜色搭配与画面构图。浏览天猫、京东等电子商务网站任选一种商品的展示图，仔细研究此展示图的前景与背景的颜色对比与画面构图。

项目二　商务文字信息的采集

项目概要

扬州市有一农场主拥有 200 亩的秋葵种植基地，每当秋葵上市时新果的产量远远大于销量。虽然线上、线下都有销售，但是线上的销量增长却很少，于是想在某新闻综合网站上做一个横幅广告。

项目分析

秋葵是一外来品种，国内大部分人对其都不太了解。因此在网络广告中必须展示秋葵的图片以给消费者最为直观的认识；体现秋葵食用价值的文字；具有最能激发起消费者购买欲望的简短广告词。

模块一　项目知识

一、商务信息

1. 商务信息的定义

商务信息是指与商务活动有关的各种数据、消息、图片、影像、声音、文字的集合。企业的经营决策和营销管理都离不开信息，充足有效的商务信息能够为企业调整经营决策提供可靠的依据。企业跟上信息时代的步伐，提高信息敏感度，把握商务信息所带来的机遇，对其自身的发展有着重要的意义。

2. 商务信息种类

不同的网络商务信息对不同用户的使用价值(效用)不同，从商务信息本身所具有的总体价格水平来看，可以将它粗略地分为四个等级。

第一级：免费商务信息

这类信息主要是社会公益性的信息。对社会和人们具有普遍服务意义的信息，大约只占信息库数据量的 5%左右。这类信息主要是一些信息服务商为了扩大本身的影响，从产生的社会效益上得到回报，推出一些方便用户的信息，如在线免费软件、实时股市信息等。

第二级：低收费信息

这类信息是属于一般性的普通类信息。由于这类信息的采集、加工、整理、更新比较容易，花费也较少，是较为大众化的信息。这类信息约占信息库数据量的 10%～20%，只收取基本的服务费用，不追求利润，如一般性文章的全文检索信息。信息服务商推出这类信息一方面是体现社会普遍服务意义，另一方面是为了提高市场的竞争力和占有率。

第三级：收取标准信息费的信息

这类信息是属于知识、经济类的信息，收费采用成本加利润的资费标准。这类信息的采集、加工、整理、更新等比较复杂，要花费一定的费用。同时信息的使用价值较高，提供的服务层次较深。这类信息约占信息库数据量的60%左右，是信息服务商的主要服务范围。网络商务信息大部分属于这一范畴。

第四级：优质优价的信息

这类信息是有极高使用价值的专用信息，如重要的市场走向分析、网络畅销商品的情况调查、新产品新技术信息、专利技术以及其他独特的专门性的信息等，是信息库中成本费用最高的一类信息，可为用户提供更深层次的服务。一条高价值的信息一旦被用户采用，将会给企业带来较高的利润，给用户带来较大的收益。

3. 采集途径

商务信息的采集途径有搜索引擎采集，电子邮件采集，电子公告版 BBS 采集，利用新闻组采集，利用信息收集软件（很多是收费的）采集，利用通讯软件如 QQ 和微信等采集，主要的采集途径是以搜索引擎采集。

二、搜索引擎的使用

（一）搜索引擎的定义

搜索引擎是指自动从因特网收集信息，经过一定整理以后，提供给用户进行查询的系统。因特网上的信息浩瀚万千，而且毫无秩序，所有的信息像汪洋上的一个个小岛，网页链接是这些小岛之间纵横交错的桥梁，而搜索引擎，则为用户绘制一幅一目了然的信息地图，供用户随时查阅。它们从互联网提取各个网站的信息（以网页文字为主），建立起数据库，并能检索与用户查询条件相匹配的记录，按一定的排列顺序返回结果。

（二）搜索引擎的种类划分

1. 全文搜索引擎

全文搜索引擎是目前广泛应用的主流搜索引擎，国外的代表是 Google，国内则有最大中文搜索百度。它们从互联网提取各个网站的信息（以网页文字为主），建立起数据库，并能检索与用户查询条件相匹配的记录，按一定的排列顺序返回结果。

2. 目录索引

目录索引也称为分类检索，是因特网上最早提供 WWW 资源查询的服务，主要通过收集和整理因特网的资源，根据搜索到网页的内容，将其网址分配到相关分类主题目录的不同层次的类目之下，形成像图书馆目录一样的分类树形结构索引。目录索引无需输入任何文字，只要根据网站提供的主题分类目录，层层点击进入，便可查到所需的网络信息资源。

3. 元搜索引擎

元搜索引擎（META Search Engine）接受用户查询请求后，同时在多个搜索引擎上搜索，并将结果返回给用户。著名的元搜索引擎有 InfoSpace、Dogpile、Vivisimo 等，中文元搜索引擎中具代表性的是搜星搜索引擎。在搜索结果排列方面，有的直接按来源排列搜索结果，如 Dogpile；有的则按自定的规则将结果重新排列组合，如 Vivisimo。

4. 垂直搜索引擎

垂直搜索引擎为 2006 年后逐步兴起的一类搜索引擎。不同于通用的网页搜索引擎，垂直搜索专注于特定的搜索领域和搜索需求（例如：机票搜索、旅游搜索、生活搜索、小说搜索、视频搜索等），在其特定的搜索领域有更好的用户体验。相比通用搜索动辄数千台检索服务器，垂直搜索需要的硬件成本低、用户需求特定、查询的方式多样。

5. 集合式搜索引擎

集合式搜索引擎，类似于元搜索引擎，区别在于它并非同时调用多个搜索引擎进行搜索，而是由用户从提供的若干搜索引擎中选择，如 HotBot 在 2002 年底推出的搜索引擎。

6. 门户搜索引擎

门户搜索引擎，如 AOLSearch、MSNSearch 等虽然提供搜索服务，但自身既没有分类目录也没有网页数据库，其搜索结果完全来自其他搜索引擎。

7. 免费链接列表

免费链接列表（Free For All Links 简称 FFA），一般只简单地滚动链接条目，少部分有简单的分类目录，不过规模要比 Yahoo! 等目录索引小很多。

（三）搜索引擎使用技巧

1. 简单查询

在搜索引擎中输入关键词，然后点击“搜索”就行了，系统很快会返回查询结果，这是最简单的查询方法，使用方便，但是查询的结果却不准确，可能包含着许多无用的信息。

2. 使用双引号("")

给要查询的关键词加上双引号（半角，以下要加的其他符号同此），可以实现精确的查询，这种方法要求查询结果要精确匹配，不包括演变形式。例如在搜索引擎的文字框中输入“电传”，它就会返回网页中有“电传”这个关键字的网址，而不会返回诸如“电话传真”之类网页。

3. 使用加号（＋）

在关键词的前面使用加号，也就等于告诉搜索引擎该单词必须出现在搜索结果中的网页上，例如，在搜索引擎中输入“＋电脑＋电话＋传真”就表示要查找的内容必须要同时包含“电脑、电话、传真”这三个关键词。

4. 使用减号（－）

在关键词的前面使用减号，也就意味着在查询结果中不能出现该关键词，例如，在搜索引擎中输入“电视台－中央电视台”，它就表示最后的查询结果中一定不包含“中央电视台”。

5. 使用通配符（＊和?）

通配符包括星号（＊）和问号(?)，前者表示匹配的数量不受限制，后者匹配的字符数要受到限制，主要用在英文搜索引擎中。例如输入“computer＊”，就可以找到“computer、computers、computerised、computerized”等单词，而输入“comp? ter”，则只能找到

"computer、compater、competer"等单词。

6. 使用布尔检索

所谓布尔检索，是指通过标准的布尔逻辑关系来表达关键词与关键词之间逻辑关系的一种查询方法，这种查询方法允许我们输入多个关键词，各个关键词之间的关系可以用逻辑关系词来表示。

and，称为逻辑"与"，用 and 进行连接，表示它所连接的两个词必须同时出现在查询结果中，例如，输入"computer and book"，它要求查询结果中必须同时包含 computer 和 book。

or，称为逻辑"或"，它表示所连接的两个关键词中任意一个出现在查询结果中就可以，例如，输入"computer or book"，就要求查询结果中可以只有 computer，或只有 book，或同时包含 computer 和 book。

not，称为逻辑"非"，它表示所连接的两个关键词中应从第一个关键词概念中排除第二个关键词，例如输入"automobile not car"，就要求查询的结果中包含 automobile（汽车），但同时不能包含 car（小汽车）。

near，它表示两个关键词之间的词距不能超过 n 个单词。

在实际的使用过程中，你可以将各种逻辑关系综合运用，灵活搭配，以便进行更加复杂的查询。

7. 使用括号

当两个关键词用另外一种操作符连在一起，而你又想把它们列为一组时，就可以对这两个词加上圆括号。

8. 使用元词检索

大多数搜索引擎都支持"元词"（metawords）功能，依据这类功能用户把元词放在关键词的前面，这样就可以告诉搜索引擎你想要检索的内容具有哪些明确的特征。例如，你在搜索引擎中输入"title：清华大学"，就可以查到网页标题中带有清华大学的网页。在键入的关键词后加上"domainrg"，就可以查到所有以 org 为后缀的网站。

其他元词还包括：image：用于检索图片，link：用于检索链接到某个选定网站的页面，URL：用于检索地址中带有某个关键词的网页。

9. 区分大小写

这是检索英文信息时要注意的一个问题，许多英文搜索引擎可以让用户选择是否要求区分关键词的大小写，这一功能对查询专有名词有很大的帮助，例如：Web 专指万维网或环球网，而 web 则表示蜘蛛网。

模块二　项目任务

任务一　商务内容的收集与整理

任务描述:上网搜索出黄秋葵相关知识,主要包括营养、食用、医用等。对收集出的知识进行整理总结出一句简短的广告词。

主要操作步骤及技巧:

1. 进入 www.baidu.com 网站。

2. 在搜索框中输入"黄秋葵"点击"百度一下"按钮。

3. 点击"秋葵百度百科"进入秋葵百度百科页面,仔细阅读相关知识,并将有关内容进行收集。如:

(1) 秋葵(学名:Abelmoschus esculentus)亦称黄秋葵、咖啡黄葵,俗名羊角豆、潺茄,而在中国江西省西部的萍乡,当地人称之为"洋辣椒"。性喜温暖,原产地为非洲今日埃塞俄比亚附近以及亚洲热带,中国栽培不多。目前在欧洲、非洲、中东、印度及东南亚等热带地区广泛栽培。当今黄秋葵已成为人们所热追高档营养保健蔬菜,风靡全球。它的可食用部分是果荚,又分绿色和红色两种,其脆嫩多汁,滑润不腻,香味独特,深受百姓青睐。近年来,在日本、台湾、香港及西方国家已成为热门畅销蔬菜,在非洲许多国家已成为运动员食用之首选蔬菜,更是老年人的保健食品。种子可榨油,黄秋葵油是一种高档植物油,它的营养成分和香味远远超过芝麻油和花生油。

(2) 别称 :金秋葵、黄秋葵、羊角豆、咖啡黄葵、毛茄、黄蜀葵、洋辣椒。

(3) 主要价值:秋葵中富含的锌和硒等微量元素,对增强人体防癌抗癌能力很有帮助。主要有利咽、通淋、下乳、调经等功效。还可治疗咽喉肿痛、小便淋涩、预防糖尿病、预防癌症、保护胃黏膜。

助消化,护肠胃

黄秋葵的黏性物质,可促进胃肠蠕动,有益于助消化,益肠胃。

耐缺氧

可提高耐缺氧能力。

保护肝脏

黄秋葵的果胶,多糖有护肝功效。

防肠癌

黄秋葵的黏性物质中含有 50%纤维素有利防肠癌。此外,这种黏液还可用于医药方面,作为润肤剂、镇定剂和止痰剂。同时,黄秋葵黏液在食品行业可以用来增加冷冻奶制甜品稳定性和所有产品稳定性和可接受性,并且可以作为脂肪的替代品。

补钙

黄秋葵不仅含钙量与鲜奶相当，且钙的吸收率在50～60％，高于牛奶1倍，故是理想的钙源。

减肥

黄秋葵为低能量食物，是很好的减肥食物。

补肾

黄秋葵又叫羊角豆，美国人称其为“植物伟哥”，可见它的补肾功效。

去疲劳

对青壮年和运动员而言，经常食用，可消除疲劳、迅速恢复体力，当然这对所有人群均有此效果。

4．在点击“黄秋葵百度百科”进入黄秋葵百度百科页面收集到如下内容：

营养

黄秋葵的营养丰富，幼果中含有大量的粘滑汁液，具有特殊的香味。其汁液中混有果胶，牛乳聚糖及阿拉聚糖等。它的果胶为可溶性纤维，在现代保健新观念中极为重视。凡经常食用它有健胃肠，滋补阴阳之功效。据测定每百克嫩果中含蛋白质2.5克、脂肪0.1克、糖类2.7克，纤维素A660国际单位。维生素44毫克、钙81毫克、磷63毫克、铁0.8毫克，是一种新世纪理想的高档绿色营养保健蔬菜。

5．在百度图片中下载一张既有果实又有花的黄秋葵图片如图2-1所示。

图2-1　黄秋葵图片

任务二　对所收集的内容进行消化，完成广告文字的创作

(1) 广告中必须出现秋葵是“蔬菜之王”的称号。

(2) 广告中必须出现秋葵的营养成分如：含蛋白质、纤维素、维生素、钙、磷、铁，是一种新世纪理想的高档绿色营养保健蔬菜(与当下全民保健联系起来)。

(3) 根据秋葵的价值创意出一句广告词：男人的加油站，女人的美容院。

任务三　商务字体的下载

画面中“黄秋葵”的字体必须为“高大上”的字形，三种文字的字形相同就会显得单一。

(1) 登录到 http://www.86ps.com 网站下载“王漢宗特明體繁”，“书法家行楷体”。

(2) 字体下载完成后解压缩，然后把里面的.ttf 文件拷贝到 C:\windows\fonts 下即可。

任务四　商务文字的排版设计

商务文字的排版设计过程中注意如下：

(1) 提高文字的可读性：广告人、广告公司和广告主的网络交流、分享、学习服务广告专业网站设计中的文字应避免繁杂零乱，使人易认，易懂，切忌为了设计而设计，忘记了文字设计的根本目的是为了更好更有效地传达作者的意图，表达设计的主题和构想意念。

(2) 文字的位置要符合整体要求：文字在画面中的安排要考虑到全局的因素，不能有视觉上的冲突。否则在画面上主次不分，很容易引起视觉顺序的混乱。而且作品的整个含义和气氛都可能会被破坏，这是一个很微妙的问题，需要仔细去体会。不要指望电脑能帮你安排好，它有时候还会给你帮倒忙。细节的地方也一定要注意，1 个像素的差距有时候会改变你整个作品的味道。

任务五　网络广告的设计

某网站的秋葵横幅广告设计如图 2-2 所示。

图 2-2　秋葵横幅广告

项目小结

通过了解什么是商务信息、搜索引擎，掌握搜索引擎的 9 种使用方法。运用所学项目知识为某网站的秋葵横幅广告设计与制作收集相关的文字信息、图片信息、特殊字体等，并进行横幅网络广告的设计。

基本练习

1. 什么是商务信息？
2. 什么是搜索引擎？
3. 常见的搜索引擎使用方法是哪九种？
4. 如何进行特殊字体的安装？

拓展训练

芡实商务信息的收集与整理，并进行芡实网络广告的设计，如图 2-3 所示。

图 2-3　芡实网络广告

项目三　商务图片信息的采集

项目概要

现有一手表要进行网络销售，现需要对手表进行信息采集形成图片。

项目分析

对手表进行信息采集即为对手表进行产品拍摄。手表拍摄属于比较难的拍摄种类。其一，它的高反光面，就像高反光镀金的五金产品一样，总会让初入门的摄影师抓狂；其二，手表的各个部分材质都不相同，要在一种光线环境中把不同部分的质感、材料清晰地表现出来，需要一体化操作思维，即：前期布光到什么程度才可拍摄、需不需要分阶段拍摄、后期需要进行哪些修补或合成步骤等。

模块一　项目知识

一、商业摄影

（一）商业摄影的定义

商业摄影，顾名思义是指作为商业用途而开展的摄影活动。从广义上讲，它包括一切用于出售商品、撰写事件或介绍书籍的图像的生产，而狭义上的商业摄影人们通常意会为广告摄影，这不仅因为广告摄影在其中占有举足轻重的地位，且在于广告摄影本身所具有的天然而浓厚的商业色彩。

（二）商业摄影的特点

商业摄影的特点都是一目了然地表现产品和使用产品以此来推销产品，商业摄影主要在于设计风格和巧妙的构思，可以用多种方法实现高质量的影响，满足主要雇主需求的满足客户的需求。现代科技的发展，特别是最近的数码相机和计算机的飞速发展，数码人像摄影已成为商业摄影的主要技术，利用数字技术，达到了前所未有的效果，带来一种全新的感觉。

（三）产品摄影

产品摄影是指针对产品而开展的摄影活动，它是商业摄影的一个种类，产品摄影一直在激烈的市场竞争中起着至关重要的作用，产品摄影技术也显示出越来越重要的地位，因为受到种种条件的限制，企业往往不可能将产品直接展示给每位消费者，这时我们就不得不拿起相机将这些产品拍照成摄影图片，借助各种传媒使产品走进众多消费者的心中。而如果在

摄影过程中操作不当，可能会使产品的图像相当难看，甚至丧失产品原有的风采，这样毫无疑问会直接影响到产品的市场销售。完美的产品设计会在拍照过程中使产品图像相当耐看，而良好的产品摄影技术又会使得产品图像锦上添花，所以这两项工作一直都在相互渗透着发展。

产品摄影大多数是在摄影室内进行的，因为摄影室的灯光条件是完全可以控制的，有些表现产品的照片是在现场拍摄的，如：需要某种环境和大型产品不易搬动。一般来讲，大多数都是在室内完成。产品摄影的摄影师都是事先做好设计的，然后再按设计艺术指导来完成进行的，有时这种设计可能是草图，也可能是精彩的图，再就是综合说明图稿，应当说产品摄影对产品本身来说，不过是一种静物摄影，产品摄影中可能使用各种光源，可以不断地试看效果，至于拍摄的好与坏、成功与否完全在于摄影师的水准。

（四）产品摄影的特点

产品摄影的力量在于更多地吸引人们的注意力，引起人们对商品的购买欲望，其实用性相当明确，评价广告摄影的标准是根据整个广告推广活动终结时的结果来检查的，经济效果和社会效果是检验广告摄影的广告效果的标准。也就是说，对于广告作品的评价和预测，是根据广告在商品推销中所起的作用，始终是以市场为基础的，以消费者为中心，不能以个人感受为基础。具体地说，一张广告摄影作品，不管艺术上是多么精湛，只要它缺乏“推销”的力量，在进入消费者的视觉领域后，即便能够引起足够的审美效果，但是如果无法刺激消费者的具体消费欲望或者激发消费者明确的参与激情，就不能算是一个好的广告照片。而且，优秀作品所刺激的购买目的性是非常明确的，也就是具体到商家所指定的某类商品。

从摄影者的角度来看，产品摄影的构思创意要受到被宣传商品的广告策略制约，具有较大的局限性，特别是广告摄影构思和创作讲究定位定向设计，在内容的表现方面，围绕广告的目的而常常有很大的规定性。但是作为艺术摄影的构思和创意，则没有这方面的约束。艺术摄影可以追求别出心裁，有较大的表现自由空间。因此，广告摄影必须努力讲究商品的个性和风格，常常将个人的风格隐藏在后面，力求以服从商品的需要为主，不然会很难达到预定的目标。

由于产品摄影作品发布必须经过具体的媒介，其效果要受到具体媒介表现方式的制约。不管摄影广告的作品最后通过什么样的媒介发布，它都是一项综合性的集体活动(包括广告创意、美术设计、文稿写作创作过程)，是直接从属于销售推广活动，不可能单独存在。而且，从受众的角度出发，广告摄影要考虑到商品的不同的消费层次，或者是针对性地对不同层次的消费者进行创作。

（五）产品摄影写实性表现手法

运用摄影写实的表现特性，如实、直观地展示产品和主体，写实表现方法的运用在产品摄影中是最常见的和最广泛的。主要是直接描绘产品形象，用现实主义表现手法刻画产品质感、形态、功能和用途，渲染产品的精美画面，引人入胜地将产品呈现在消费者面前，用真实感使消费者对所宣传的产品感到亲切和信任。

一般来说，写实性画面的述理性较强，它们多以产品的外部造型或可能表现的内部结构为主体对象。借助于对商品直观描写，能够让读者多了解产品，并自觉与同类产品相比较，打定主意选购。因此，这种表现形式的推销意识很强。这里画面表现的主体是商品本身。在创作上主要从产品上打主意、想点子，在充分展现商品的造型、质感和独特优点的前提下，尽量把产品拍得标新立异、独树一帜。而这些都需要摄影师从光影构成、色彩、影调、线条的选择与提炼，以及对背景、陪体的和谐与对比使用来达到。这样，这种写实性已不是产品在一般条件下的纯客观的再现，它已渗入了创意人员的审美要求和摄影师的风格特征。

采用写实的表现手法需要考虑产品的要求，不能对产品进行任何“变形”处理。还应该注意画面上产品的组合，构图严谨，静中有动，艺术表现力要强，突出产品的主题特征，协调好画面其他元素的关系，这样才能使画面具有视觉冲击力。这样摄影表现的方法常用于工业产品设计，由于直接将产品推向消费者面前，所以要十分注意画面组合和产品展示角度，着力突出产品品牌，着力表现产品本身最容易打动人心的部位，运用色光和背景的烘托，使产品置身于极具感染力的空间，这样才能增强视觉冲击力。

在产品摄影画面中，产品是主体形象，画面其他元素的出现只是烘托主体的作用，或是对产品进行功能性的说明。产品是主体，占画面的主要部分，并在宾主地位上、虚实对比上、色彩关系上都要让产品唱主角，这样就要在构图及拍摄技术上将画面其他元素适当弱化。产品是广告画面中的第一信息，摄影师应注意产品与其他元素之间合情合理的关系位置，以便完美地表现产品的形态与质感，而其他元素为画面的产品主体的表达创造了更好的气氛。摄影艺术最基本的造型语言是色彩、影调、线条。它们都因与人们的生活经验和心理反应有长期而广泛的联系而积淀了明显的感情特征。摄影师利用摄影的造型语言来表现被摄体的外貌特征，进行理性的描述，传递产品的信息，这显然是不够的，只有当摄影师把造型语言的感情特征结合产品本身所表现的个性特征巧妙地结合起来，它才能动员起这些造型语言的积极情感力量，表达出强烈的画面形象的感情倾向。摄影师对造型语言的驾驭功力就表现在用创造出的形象的理性吸引顾客的注意力，用感情的特征来感动顾客，并把两者结合在一起的拍摄技术来强化产品的美与个性。写实性画面创意难。难在这类画面太多，要想超凡越圣实为不易。拍摄也难，难在全凭摄影师对创意的把握和对摄影语言的运用，无法取巧。至于优点，写实性画面容易把产品形象塑造得实在、清楚、明了，向读者传播的信息量大。缺点则是所有特性均直观明了，让人一览无余，言尽意尽。

二、摄影画面的构图

构图是摄影永恒的主题，一幅好的摄影作品，都有自己相应的构图形式，人们根据经验总结了一些固定的构图“法则”，按照这些“法则”来构图绝对不会犯错。然而，辩证地看，严格按照一些所谓的法则来构图在特定条件下也成为照片平庸的禁锢。构图无对错，要根据拍摄主题、主观的表现和用途等因素决定用什么样的构图形式。本书总结了一些构图的形式，在这里不能称之为“法则”，因为这些都不是固定的，不是必须要遵循的，只看你拍摄的主题更适合哪一种构图形式。

我们把画面中的元素归纳成点、线和面，这样更容易理解，一幅摄影作品中也许由单纯的点、线或面构成，往往也是其中两种或三种元素的混合而构成，下面所提的构图形式其实

就是这三个基本元素的随机组合，从而创造出无限的可能，这就是摄影构图的魅力所在。

（一）黄金分割构图

这是最常见的构图方式，被摄影师当作摄影“黄金构图大法”了。首先我们了解一下黄金分割率吧。黄金分割线是一种古老的数学方法。黄金分割的创始人是古希腊的毕达哥拉斯，他在当时十分有限的科学条件下大胆断言：一条线段的某一部分与另一部分之比，如果正好等于另一部分同整个线段的比即 0.618，那么，这样的比例会给人一种美感。后来，这一神奇的比例关系被古希腊著名哲学家、美学家柏拉图誉为“黄金分割律”。数学对于大部分研究视觉艺术的人完全没有概念，看看下面的示意图大家就很容易理解了。黄金分割线的神奇和魔力在绘画、设计、影像等艺术领域广泛应用，只要按照黄金分割线来构图，你的作品都会具有艺术美感。黄金分割构图如图 3-1 所示。

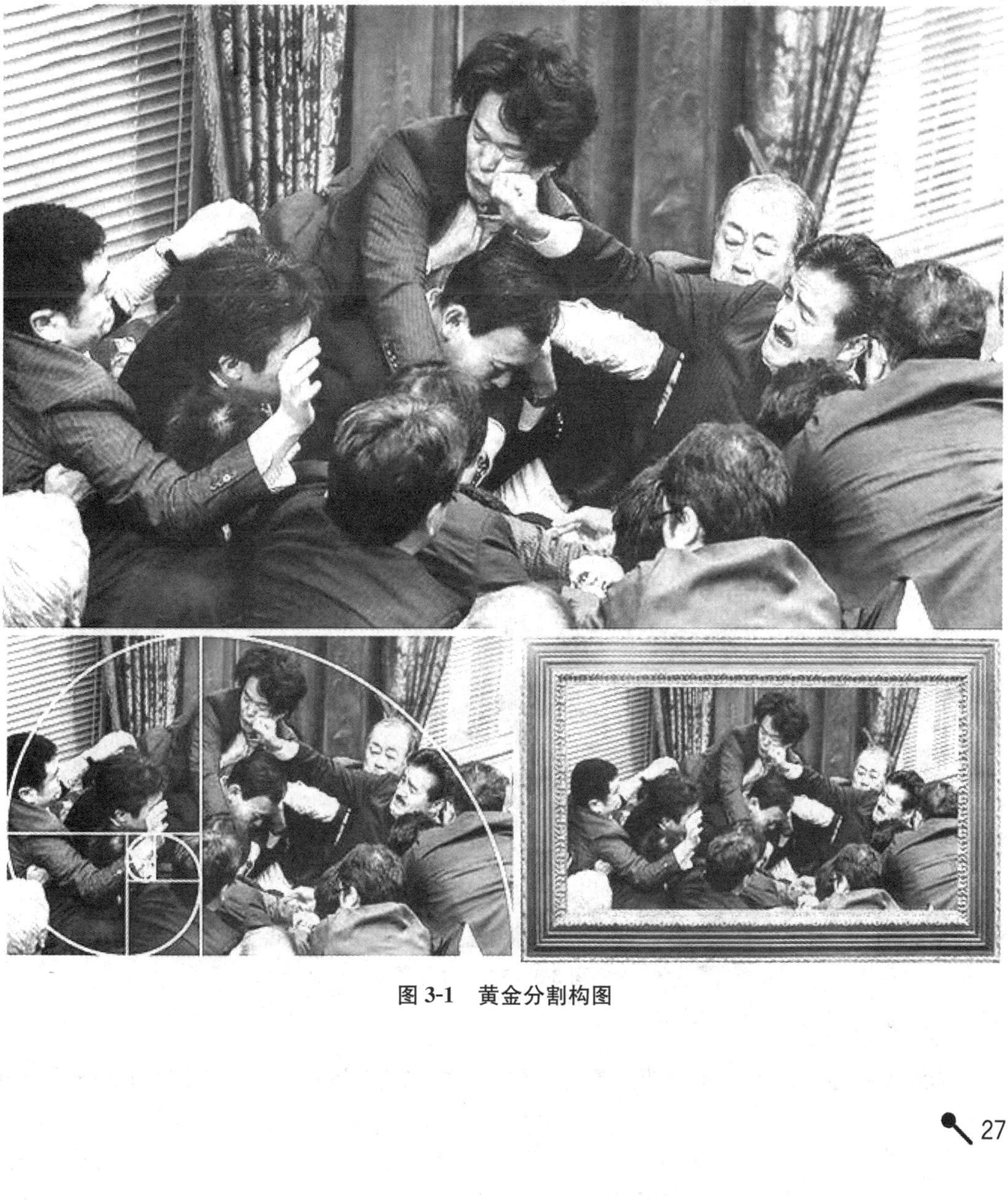

图 3-1　黄金分割构图

（二）中心构图

相对“黄金构图大法”，中心构图常被人误解，觉得把主体放在中间被视为不会构图，其实中心构图也是非常重要的构图形式，中心构图是最能突出主题的构图方式，人的视觉第一时间一定落在画面的中心，所以这样的构图更直接，更有视觉冲击力。中心构图如图 3-2 所示。

图 3-2　中心构图

（三）对称构图

对称构图也是相对“黄金分割大法”的一个重要的构图方式，给人以平稳、均衡、重复的感觉。对称并不单一死板，可分为上下对称、左右对称、完全对称和轴对称等形式，利用好对称会让画面更具有感染力和戏剧性。例如平静的水面倒影、建筑透视等多用这种方法构图。对称构图如图 3-3 所示。

图 3-3　对称构图

（四）偏离构图

顾名思义，这个是画面主体或分割偏离黄金分割线的构图形式，一般是超过三分线以外的构图。有人会说了，难道这也行吗？答案是肯定的，这也行，虽然不如前两个构图那么严谨，但特定的时候还是要用到的。例如拍摄星空或星轨，那么画面中星空就会占据大部分面积，而地平线以下就会压缩得很少，另外就是制造一种空旷深远的氛围也会把地平线下压。但有时候也会表现前景多一些，又要交代地平线或水平线，就会将其上提。偏离构图如图 3-4 所示。

图 3-4　偏离构图

（五）平面构图

平面构图是指被摄主体为与焦平面处于平行状态的平面，没有透视感，一般常见以建筑、墙体等大面积平面场景为主，形式感比较强，画面扁平，更能突出主体。平面构图如图 3-5所示。

图 3-5　平面构图

（六）对角线构图

除了黄金分割构图外最常见的算是对角线构图了，对角线会让画面更活跃，由于矩形的对角线长度最长，所以对角线构图给人延伸感。对角线构图如图 3-6 所示。

图 3-6　对角线构图

（七）透视引导线构图

透视的近大远小效果在一些街景、通道、走廊等环境体现得最为明显，而且在我们拍摄中非常常见，空间的透视会把街道从近及远连接起一条条放射状的线，最终汇聚在无限远的消失点。

拍摄时利用这种构图就会增强画面的空间立体效果，增加空间探索的神秘感，这种构图也可与黄金分割、对称构图和对角线构图同时应用。透视引导线构图如图 3-7 所示。

图 3-7　透视引导线构图

（八）充满构图

充满构图主要针对群体对象，画面中会出现多个人、动物或物等元素，几乎被充满，这种构图故事性比较强，信息量比较大，表现得好特别耐看，犹如史诗般的古典油画。但这种构图很难把握，很容易拍散，找不出主题，变成一幅平庸的照片。充满式构图有三个要点：(1) 画面中一定要有一个突出的主题，或者说一个主要的故事；(2) 画面中要有趣味点，例如一个眼神、一个动作；(3) 也可以突出焦点，利用浅景深控制来突出主体。充满构图如图 3-8 所示。

图 3-8　充满构图

（九）留白构图

留白构图是一种非常高级的构图形式，具有禅意以及神秘感和空间感。中国画中的山水画、写意花鸟等都把留白构图运用得登峰造极，要想驾驭留白构图可以多欣赏欣赏中国画。这里的白是泛指，不只针对白，也可以是黑、红……同样，留白构图依然也可以遵循其他各种构图形式。留白构图如图 3-9 所示。

图 3-9　留白构图

（十）极简构图

极简构图与留白构图看起来有点相似，极简构图也确实会有大面积留白，但区别就在于，留白构图的主体可以是复杂的，但极简构图中的主体就是非常简洁的。那我们来看看什么样的是极简构图。极简构图如图 3-10 所示。

图 3-10　极简构图

（十一）复杂构图

摄影讲究化繁为简，为了突出主题，舍弃不必要的元素，利用大光圈把景物分成虚与实，有很多手段可以实现。其实构图也可以复杂，来一个“化简为繁”，故意使被摄主体处于复杂的环境，利用环境的分割、错觉、巧合，而产生一些戏剧性效果，那么让我们来看一看这复杂构图带给你的视觉冲击吧。复杂构图如图 3-11 所示。

图 3-11　复杂构图

（十二）重复图案构图

重复的图案也是我们常常遇到的画面，比如建筑群、人群、树林等都会产生连续性图案，是一种秩序美感，达到一定数量就非常震撼。那么如何把千篇一律的图案变成有感染力的画面呢，这就需要利用一些特殊手段了。首先利用光线，使图案产生光影变化；抓住图案中的戏剧性变化，例如一个人在人群中回头的瞬间；利用透视关系或景深来增加图案的虚实变化；还有就是画面中一部分为图案，另一部分为其他元素。重复图案构图如图 3-12 所示。

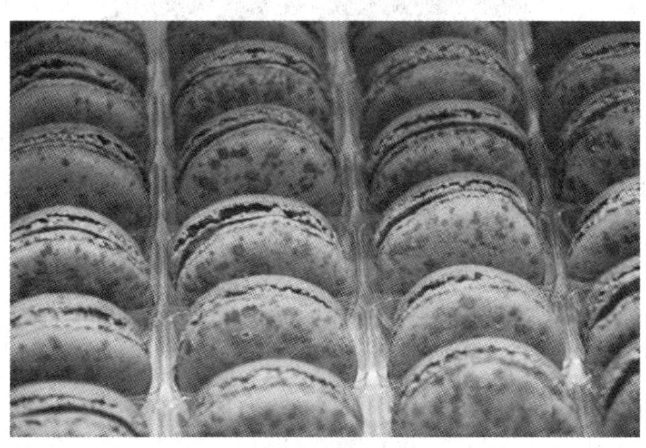

图 3-12　重复图案构图

（十三）画中画框构图

画中画框构图就好像画面中的一副精美的画框，装裱着画中之画。一般利用门、窗户、树枝等任意有美感的形状都可以作为画面中的画框。画中画框构图如图 3-13 所示。

图 3-13　画中画框构图

（十四）利用巧合点构图

巧合，其实没有那么巧，只是要你去发现，不停地找角度，换位置，等时机，最后才会得到那么“巧合”的画面。利用巧合点构图如图 3-14 所示。

图 3-14　利用巧合点构图

（十五）不同规格画幅构图

照相机的画面规格并不都是 3∶2 的矩形，还有 4∶3，7∶6，5∶4，2∶1，3∶1……那么这些又怎么构图呢？答案很简单，以上所有构图形式在不同规格画幅都是完全适用的。

三、产品摄影用光基础与布光形式

（一）十个用光基础知识

1. 光源越广，光线越柔和。相反的，光源越窄，光线越硬。

广泛的光源能够弱化阴影、降低对比、抑制纹理，较窄的光源则作用相反，如图 3-15 所示。这是因为光源越广，射在物体上光线的方向就越多，这会起到增加场景中的照明、减少阴影的作用。

小提示：将人像主体安排在一扇不受阳光直射且大而亮的窗户边，窗户可以起到柔光箱的效果，不再需要影室专用设备。

图 3-15　广窄光源

2. 光源越近，光线越柔和。相反的，光源越远，光线越硬，如图 3-16 所示。

这是因为当光源离被摄体越近，相对的就越大，也就是越广；而当光源离被摄体越远，相对的就越小，也就是越窄。

以太阳为例，太阳的直径是地球的 109 倍，它本是一个相当广的光源！但是太阳距地球 9300 万英里(约 1.5 亿千米)，只占地球天空非常小的一小部分，因此当阳光直射在物体上时光线就很硬。

小提示：在室内用现有灯光拍摄人像时，可以通过改变光源与被摄体间距离的方法使照片的光线更加动人。

图 3-16　远近光源

3. 漫散射能够分散光线，使光源变广、光线变柔。

运用漫散射分散光线的实质还是使光源变广，从而达到柔化光线的目的，如图 3-17 所示。当云层遮挡住阳光，物体上的阴影会明显减少，如果有雾，阴影则会消失。云层、阴沉的天空和大雾都会使光线发生漫射，漫射会将光线分散向各个方向。阴天和雾天时，整个天空会变成一个非常广的光源，一个天然的柔光箱。

小提示：半透明塑料或白色织物等材料都可以用来漫射强烈的光线。你可以在人工光源——如影室闪光灯前加一个柔光罩；如果在明亮的阳光下，也可以使用柔光篷或柔光箱来柔化光线。

图 3-17　漫散射

4. 在反射中漫射光线。

将一束较窄的光线射在一个较大的磨砂表面上，如墙壁、屋顶或磨砂反光板等，光线在反射的过程中会发生被漫射到较宽广的区域，如图 3-18 所示。

但是如果使用光面反光板，光线被反射后仍然会很窄。镜子是一种极端的光面反光板，它反射的光线几乎与入射光线一样窄。

小提示：将一大块铝箔揉成团，展开后将亮面向外，包在一块纸板上，一块柔光反光板就做好了。虽然这种自制反光板的漫射效果不如白色磨砂反光板，但它能在照片中增加闪闪发亮的光点。

图 3-18　反射中漫射

5. 光源越远，光线的衰减越快，主体也越暗。

这条规则指出，被摄主体的光照度与距离的平方成反比。这听起来有些复杂，其实很简单，如图 3-19 所示。举例说明：如果你将光源至被摄主体的距离增加 1 倍，那么落在主体上的光线只有距离增加前的四分之一。

换言之，光线会随着光源的远离而迅速衰减。这条规则我们应牢记，如果你准备移动光源或被摄主体，一定要改变光线的品质。

同样还要注意的是，经过反射的光线其行进的距离也会增加，即使使用光面反光板也一样。

小提示：在天气条件很差的室外拍摄人像时应使用闪光灯(热靴或弹出式均可)，这样既可以消除人脸部的阴影，也不会影响背景的曝光，因为闪光灯发出的光到达背景时已经弱到可以忽略不计了。

图 3-19　光照度与距离

6. 可以利用光线衰减改变摄影主体和背景间的关系。

如果灯光距离拍摄主体近，主体和背景间的光照度差别会比较明显；如果灯光距离主体较远，则背景也会相应地变亮，如图 3-20 所示。

该原则同样适用于侧光：侧光源离被摄主体近时，整个画面的光线衰减将比光源离主体远时更明显。

小提示：如果被摄主体的正面光是从窗户射入的光线，那么让主体靠近窗户可以使室内的背景变暗。如果你想让室内背景更明亮，则应让主体远离窗户、靠近背景。

图 3-20　光线衰减

7. 正面光会减弱主体的纹理，而侧光、顶光和底光则可以强化主体纹理。

人像摄影师通常会将光源保持在镜头的轴线附近来弱化被摄主体面部的皱纹，而风景摄影师更喜欢用侧光强调岩石、沙石和叶子的纹理。一般来说，光线方向和被摄主体角度越大，主体的纹理就越明显，如图 3-21 所示。

小提示：想突出宠物毛茸茸的毛发时最好将光源置于侧面，比采用正面光源要好。

图 3-21　正面光、侧光、顶点和底光

图 3-22　阴影创造立体感

8. 阴影创造立体感。

阴影是摄影师描述物体三维性的手段，它能使物体在照片中呈现出空间感，而不仅仅是物体在平面上的投影。

同样，侧光、顶光和底光能够在物体上投射出深而长的影子，从而制造出立体感。因此，静物、商业产品和风光摄影师喜欢使用有角度的光线，如图 3-22 所示。

小提示：你可以尝试使用“好莱坞照明法”来拍摄戏剧性的肖像作品。将顶光置于主体正上方稍偏的位置，调整灯光角度，使人物鼻子的阴影落在人中稍偏下的位置上。

9. 背光可以作为高度散射的光源使用。

很少有仅仅靠背光照明的物体，也就是说正面一点儿照明都没有的纯剪影几乎没有。如果一个人站在明亮的窗户前，对面的墙壁会反射部分光线落在人身上。如果一个人在户外，即使背景是明亮的阳光，正面也会有来自天空的光线照射。无论哪种情况，要想记录落在主体上的光线，就要增加曝光，而且这些光线会减少面部的细节，削弱主体的立体感，如

图 3-23所示。

小提示:在拍摄背光照明的人像或剪影时,试着将光源纳入构图中,但是这样会导致测光表读数不准,因此可以尝试使用包围曝光法。

图 3-23　背光

10. 光线是有色彩的。

尽管有的时候光线看起来像“无色”的,但它其实也是有色彩的,我们称其为色温。只是我们的眼睛和大脑组成的“计算机”能够调整感知、适应变化,我们很难注意到罢了。但是数码传感器和胶片则会记录下我们看不到的色彩。

清晨和傍晚的阳光拥有温暖的色调,中午阳光投射的阴影则会变得很蓝。钨丝灯光明显偏黄,而且反射这种光线的表面也会呈现出相应的颜色,如图 3-24 所示。

对于数码相机而言,你可以使用白平衡功能来消除或强调光线的颜色。例如可以增加风光或人像照片中的暖色调。对于胶片电影的拍摄则必须根据拍摄环境选择适当的胶片,或者采用滤镜补偿。

小提示:晴天拍摄的风光片,特别是阴影部分会非常蓝,这时将相机的白平衡设置为阴天可以在照片中增加金黄色,相当于在镜头前加了一片暖色滤镜。

图 3-24 光线的色彩

（二）产品拍摄的四种常见的布光方式

在拍摄产品时，无论是毛茸茸的玩具还是书籍、纸张或者是纺织品或原木制品，它们很少产生反光。当然，它们自身的色彩，是反射了光源中的某些光谱成分，而不是我们这里所指的明亮的反光。对于这些物体，光线无法穿透，只能使其产生投影。

拍摄这类吸光体的产品时，在布光的技巧上主要把握好三点：一是选择不同光质的光源；二是布置好光位；三是控制好光比。其最终的目的，是为了正确显示它们的色彩，完美地表现产品的造型，展示其表面质感，并合理地处理投影。有时候还要通过用光，进一步构图控制画面的影调、色调等。具体有以下四种布光方式：

1. 展示式布光

展示式布光是根据主体的形状、质感、最后的效果展示来选定光源、确定光位的布光方式。其特点是主体明亮，能很好地展现主体造型及表面质感、机理，反映色泽和色彩，展现主体的功能。此类的布光，其中右侧闪光灯加柔光箱，与摄轴成 60 度、俯角 45 度布光，揭去柔光箱内加层柔光布，使光线稍硬，左侧使用一块白色塑料泡沫板，调整反光亮度，使光比达到 1∶3，产品表面的质感得到较好的表现，如图 3-25 所示。

图 3-25 展示式布光

2. 无投影布光

无投影布光，闪光灯加柔光箱、双灯，以减弱投影的浓度。若需完全消除投影，可在灯前再加硫酸纸，或将闪光灯管装上乳白色的雾化罩。这样物体造型光效柔和，明暗对比较弱，比较适合拍摄较平面的产品。

如果想使产品保持明显的明暗对比效果，可以改用硬光。将产品放在玻璃板上悬空搁置，两侧布直射闪光，使投影落在背景范围外。若需提亮背景，可往背景纸上再打一只灯，如图 3-26 所示。

图 3-26　无投影布光

3. 魅力布光

展示式和无投影式布光，能将物体展示清楚，色彩表现也比较好，但显得直露、柔软，缺乏神秘感。这对于表现某些精密仪器、电子器材、古文物以及色彩浓重、质地厚实的面料、纺织品和装饰面料等物品的内在气质及品性，就略显不足了，这时就选择魅力布光就比较合适。

魅力布光一般选择深色背景，以硬光勾勒轮廓或用点光源照明主体的局部，以突出和强调其功能和造型，整体画面以低调营造或烘托神秘、典雅、高贵、深沉的气氛，如图 3-27 所示。

图 3-27　魅力布光

4. 渐变布光

渐变布光可以形成色调和影调渐变的背景，突出主体。

将单色背景纸弯曲，一部分摊放于被摄物底部，另一部分向上弯曲成背景，将闪光灯移到顶部，并在其下方放置一块乳白色有机玻璃板或柔光纸，从侧后照亮底部纸面，并将产品放在明亮的位置上。应控制好顶部照明灯的投射方向，使背景纸的垂直部分亮度逐渐减弱变暗，形成渐变色调，垂直部分与主体越远，顶部显得越暗。被摄物体正面不够亮时，可加灯光照明，不过应该控制好正面灯光的亮度和照明范围，必要时加用束光筒。

用渐变背景纸代替渐变布光，可以获得相同的效果，而拍摄速度也会快得多。有多种色彩的渐变背景纸可以供选择，既可以变成浅白色，也可以变成深黑色。再根据需要给主体打光，无投影或以硬光构成特有的投影效果等，如图 3-28 所示。

图 3-28　渐变布光

四、单反相机的操作及使用技巧

（一）AV 光圈优先技巧

1. 不管拍什么，除非要保持安全快门，不然别开最大光圈拍摄。

2. 拍风景请尽量使用 F8～F11 的光圈。

3. 拍人物及静物特写可使用最大光圈缩 1～2 级的光圈。

4. 安全快门请尽量控制在焦距倒数以上，广角端快门也要在 1/30 秒以上比较保险。若快门不足请提高光圈或 ISO。

（二）测光方式

1. 测光不要对着天空，也不要对着最暗的地方，要去抓中间值。

2. 依照你拍的题材，善用测光模式（权衡测光、点测光、中央重点测光等）。

3. 若遇到测光抓不准的时候，请用 AE lock 对身边灰色的东西曝光锁定后再来拍摄。

4. 尽量别对白色或黑色物体测光，不然就请记得黑要减 EV、白要加 EV。

（三）EV 即曝光补偿

曝光补偿也是一种曝光控制方式，一般常见在±2－3EV 左右，如果环境光源偏暗，即可增加曝光值（如调整为＋1EV、＋2EV）以突显画面的清晰度。

小型数码相机大多通过菜单来调节曝光补偿

数码相机在拍摄的过程中，如果按下半截快门，液晶屏上就会显示和最终效果图差不多的图片，对焦，曝光一切启动。这个时候的曝光，正是最终图片的曝光度。图片如果明显偏亮或偏暗，说明相机的自动测光准确度有较大偏差，要强制进行曝光补偿，不过有的时候，拍摄时显示的亮度与实际拍摄结果有一定出入。数码相机可以在拍摄后立即浏览画面，此时，可以更加准确地看到拍摄出来的画面的明暗程度，不会再有出入。如果拍摄结果明显偏亮或偏暗，则要重新拍摄，强制进行曝光补偿。

拍摄环境比较昏暗，需要增加亮度，而闪光灯无法起作用时，可对曝光进行补偿，适当增加曝光量。进行曝光补偿的时候，如果照片过暗，要增加 EV 值，EV 值每增加 1.0，相当于摄入的光线量增加一倍，如果照片过亮，要减小 EV 值，EV 值每减小 1.0，相当于摄入的光线量减小一倍。按照不同相机的补偿间隔可以以 1/2(0.5)或 1/3(0.3)的单位来调节。

被拍摄的白色物体在照片里看起来是灰色或不够白的时候，要增加曝光量，简单地说就是“越白越加”，这似乎与曝光的基本原则和习惯是背道而驰的，其实不然，这是因为相机的测光往往以中心的主体为偏重，白色的主体会让相机误以为环境很明亮，因而曝光不足，这也是多数初学者易犯的通病。

由于相机的快门时间或光圈大小是有限的，因此并非总是能达到 2EV 的调整范围，因此曝光补偿也不是万能的，在过于暗的环境下仍然可能曝光不足，此时要考虑配合闪光灯或增加相机的 ISO 感光灵敏度来提高画面亮度。

一般的说，景物亮度对比越小，曝光越准确，反之则偏差越大。相机的档次有高有低，档次高的，测光就比较准确，档次低的则偏差也会加大。如果是传统相机，胶卷的宽容度是比较大的，曝光的偏差在一定范围内不会有大问题，但是数码相机的 CCD 宽容度就比较小，轻微的曝光偏差都可能影响整体的效果。

总而言之，曝光补偿的调节是经验加上对颜色的敏锐度所决定的，用户一定要多比较不同曝光补偿下的图片质量、清晰度、还原度和噪点的大小，才能拍出最好的图片。

补充说明：

佳能说明书上的光圈是指 F 数值，光圈越大，景深越大。

一般人们所说的光圈是指光圈孔径，和 F 数值成反比，光圈（孔径）越大，景深越小。

AV—光圈优先自动曝光

TV—快门优先自动曝光

AE—自动曝光

AF—自动对焦

AF-S—和 SAF 应该一样，是单次自动对焦。相对的是连续自动对焦。

MAF—监控 AF，这个模式可以缩短对焦所需的时间。相机在快门按钮按下一半之前就会调整焦点，让你以调整好的焦点进行构图。将快门按钮按下一半，而且 AF 锁定完成时，焦点会被锁定。

EV—曝光值，通常在进行曝光补偿时会用到这个术语。

ISO—感光度，感光度每差一档，相当于光圈或者快门相应的一档曝光值。

模块二　项目任务

任务一　商品（手表）摄影画面的设计

任务描述：手表的表面是一个高反光面，而手表带具有高反光镀金，在拍摄的过程中需要用粗糙（树皮）与深色的背景（深色的鹅卵石）来反衬手表的材质，运用中心构图法与十字布光法。具体画面设计如图 3-29 所示。

图 3-29　效果图

任务二　商品(手表)摄影的布光

主要操作步骤及技巧：

1. 利用十字布光法，在需要灯光出现的产品方位，分别布置不同输出光量的柔光。它除了有延续传统的“包围曝光”消除穿帮倒影的功能之外，还能更加明确地定位出各个位置光线的不同功能，从而让你可以自由地调整产品不同部分的光比，如图 3-30 所示。

图 3-30　十字布光

2. 除了高度与拍摄对象手表相当的十字环形灯位，顶部的氛围光也是必不可少的。它的作用主要是为表盘提供光量，如图 3-31 所示。

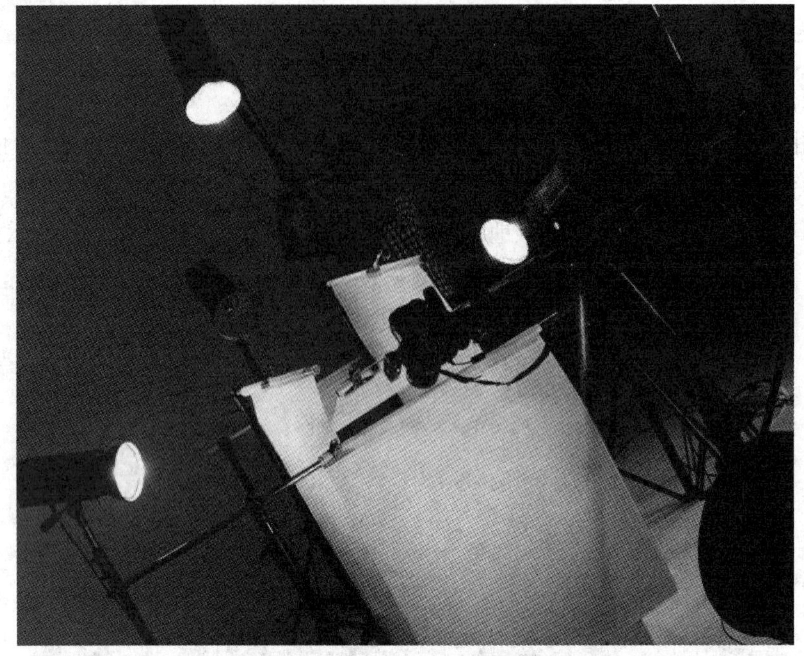

图 3-31　顶部氛围光

3. 通过调整各个柔光面硫酸纸之间的空隙,可以有效地控制手表外围黑色光带的宽度,如图 3-32 所示。

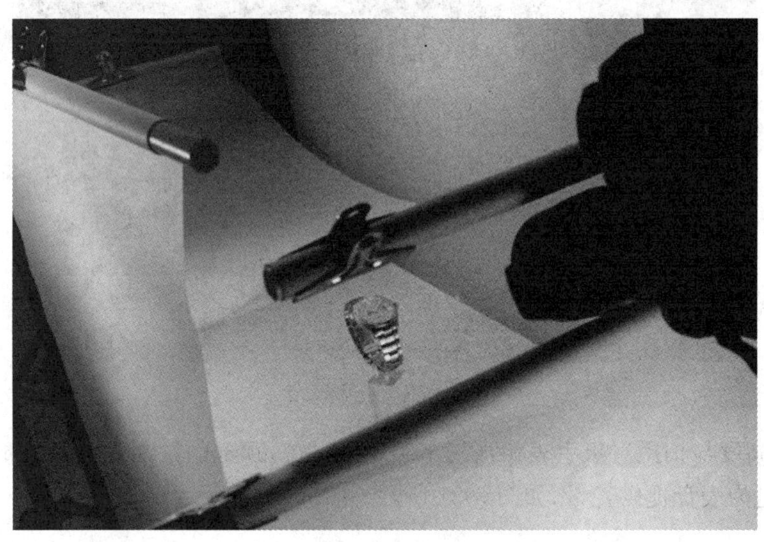

图 3-32　调整各个柔光面硫酸纸

4. 十字环形布光虽然也属于包围曝光，但各个围面是可以自由移动的。不但是灯，而且包括灯前的柔光纸，如图 3-33 所示。

图 3-33　灯前柔光纸

5. 可灵活移动的柔光纸，使得手表外圈上的黑带方便控制，如图 3-34 所示。

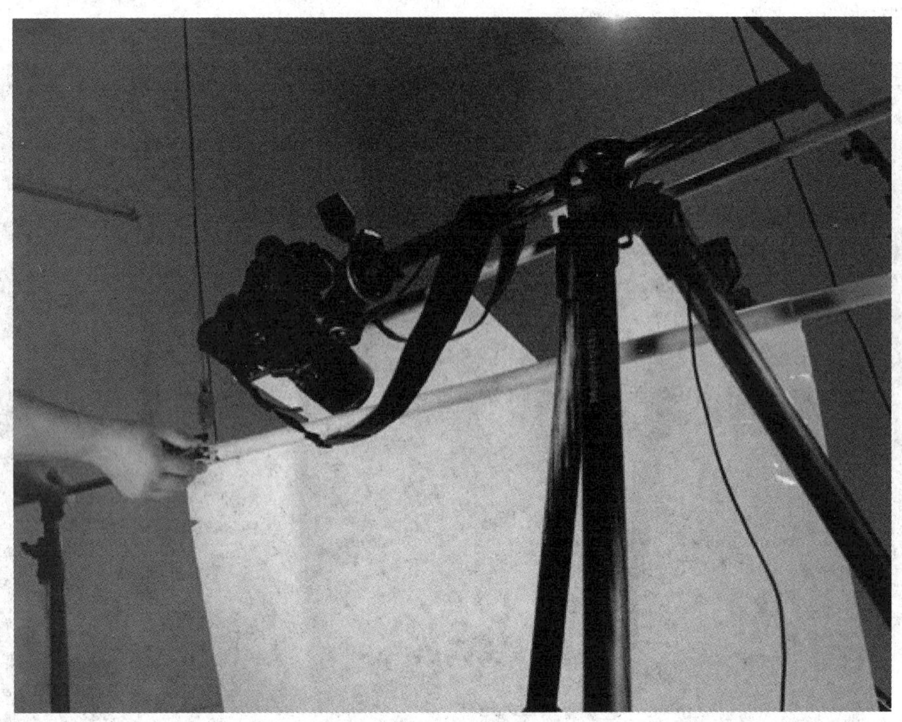

图 3-34　移动柔光纸

6. 由于光线是四周环形布局（当然，顶上也布置了一只灯，用以照顾表盘），摄影师就不能走进光线区域，如图 3-35 所示。

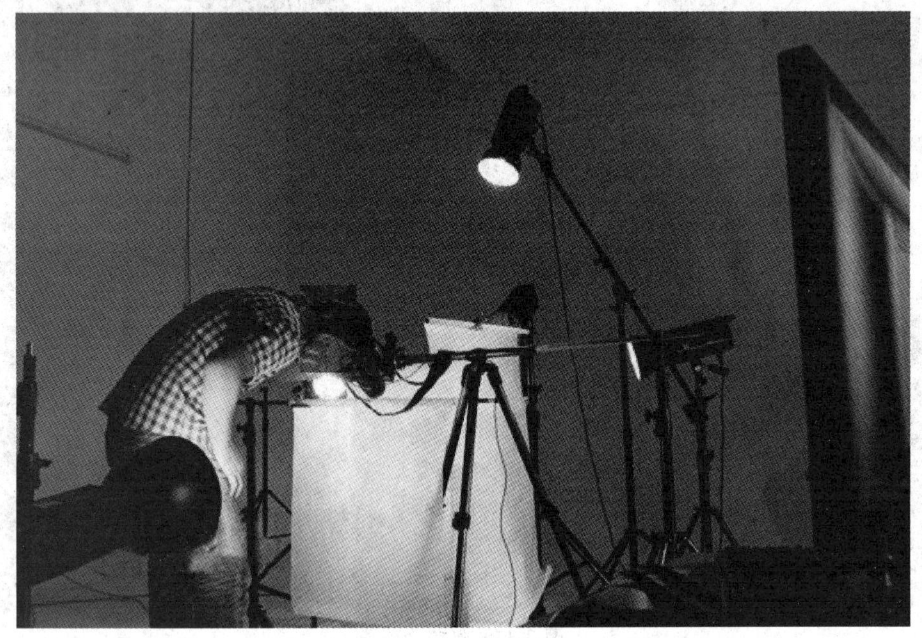

图 3-35　灯光布局

任务三　商品(手表)拍摄

联机拍摄,摄影师不用走进灯光区域。拍摄时,摄影师是在电脑上控制相机快门。

项目小结

通过了解什么是商业摄影、产品摄影,掌握产品摄影五种构图法、产品摄影用光基础与布光形式同时运用所学项目知识对手表运用中心构图法与十字布光法进行产品拍摄。

基本练习

1. 摄影画面构图包括哪十五种?
2. 产品摄影用光基础包括哪十种?
3. 常见的产品拍摄布光方式包括哪四种?
4. 何为曝光补偿?

拓展训练

小型毛绒玩具的拍摄,如图 3-36 所示。

图 3-36　小型毛绒玩具拍摄图

中篇：商务信息的处理

项目四　图像的合成与切换

项目概要

现有某儿童摄影影楼、某广告公司、某旅游公司，需要对多张图片合成处理。

1. 某儿童摄影影楼，收到客户送来的一张儿童的普通生活照片，需要针对这张照片处理后形成艺术照片以便放在个人网页中。

2. 某房地产公司，需要根据几张图片生成自己未来售楼处的效果图以便制作海报进行宣传。

3. 某旅游电子商务网站需要制作一挂在首页中的 30 秒左右欢迎进入网站的视频动画。

项目分析

1. 某儿童摄影影楼利用普通生活照片制作网上艺术照片，运用选框工具生成相框，运用套索工具与魔棒工具将儿童从原背景中抠出从而制作艺术照片。

2. 某房地产公司制作宣传海报，模特面部有雀斑，需要后期处理，运用修补工具、通道等命令进行制作。

3. 某旅游电子商务网站的 30 秒左右欢迎进入网站的视频动画，运用时间轴、图层的透明度、移动工具与任意变形工具来进行制作。

模块一　项目知识

一、选框工具

在 Photoshop CS6 中，使用选取工具的频率非常高，几乎达到 90%以上。选框工具主要包括矩形选框工具、椭圆选框工具、单行选框工具、单列选框工具。

1. 矩形选框工具

矩形选框工具　M（矩形选框工具）：矩形选框工具与椭圆、1 像素单行和单列选框工具属性选项栏基本相同，如图 4-1 所示

取样大小：取样点　容差：200　消除锯齿　连续　对所有图层取样

图 4-1　矩形选框工具选项栏

如图 4-1 所示的选框工具的属性选项栏中部分选项说明如下：

(1) (新选区)按钮：选择该按钮可建立新选区。

(添加到选区)按钮：选择该按钮可向当前选区中添加选区。

(从当前选区中减去选区)按钮：选择该按钮可以从当前选区中减去选区。

(与选区交叉)按钮：选择该按钮可选择与其他选区交叉的区域。

(2)“羽化”：在该文本框中可指定选区的羽化像素。

(3)“样式”：在该下接列表框中可以选择 3 种样式：

“正常”：通过拖动鼠标来确定选框的比例

“固定长宽比”：需要设置“高度”与“宽度”的比例，即输入长、宽的值(十进制的数)。例如，要绘制一个宽是高的两倍的选框，则输入宽度“2”和高度“1”。

“固定大小”：需要指定选框的“高度”和“宽度”值(输入整数像素值)。

2. 椭圆选框工具

在工具箱中选择(椭圆选框工具)，按住“Shift”键的同时，在工作区中拖动鼠标，可以选取出正圆形区域。按住“Shift＋Alt”键的同时，在工作区中拖动鼠标，可以以某一点为圆心建立正圆形区选区，椭圆选框工具的属性选项栏与矩形选框工具的选框栏的设置基本相同，如图 4-2 所示。

图 4-2　椭圆选框工具选项栏

3. 单行/列选框工具

单行/列选框工具是矩形选框工具的一种特殊情况，主要用于图像中建立 1 像素宽的横线选区和 1 像素的竖线选区。单行/列选框工具的属性选项栏如图 4-3 所示。

图 4-3　单行/列选框工具选项栏

4. 编辑选区

对选区的编辑方法主要有填充选区、描边选区、修改羽化值、变换选区、扩大选区、修改选区、储存选区等。

二、移动工具

1. 移动工具

(移动工具)：移动工具的主要作用是将选取或图层中的图像移动到图像中的新位置，以及在图像内对齐选区和图层并为其分布图层。移动工具的属性选项栏如图 4-4 所示。

图 4-4　移动工具选项栏

如图 4-4 所示的移动工具的属性栏中部分选项说明如下：

(1) ☑自动选择：:如果可选“自动选择图层”复选框，此时，在工作区中单击任意一个有像素的对象，在“图层”面板中则自动跳转到该对象所在的图层。

(2) □显示变换控件 :在选中对象的周围显示定界框。

(3)“对齐与分布”：要在图像中对齐选取或图层，则需要先建立一个选区，或连接到要对齐的图层，然后再点击(顶对齐)、(垂直居中对齐)、(底对齐)、(左对齐)、(水平对齐)和(右对齐)中的一个或几个按钮。要在图像内分布图层，则需要先在“图层”面板中链接 3 个或 3 个以上的图层，再单击(顶分布)、(垂直居中分布)、(底分布)、(左分布)、(水平居中分布)和(右分布)中的一个或几个按钮。

2. 移动工具将图像移动到新位置

将图像移动到新位置可分为两种：

(1) 在同一文件内移动。

(2) 在不同文件中移动。

三、套索工具

套索工具的主要作用是在图像中选取出任意形状的区域。套索工具主要包括(套索工具)、(多边形套索工具)、(磁性套索工具)。其中(磁性套索工具)特别适用于快速地选择与背景对比强烈且边缘复杂的对象。

(1) (套索工具)：其作用是在图像中选取出任意形状的区域。(套索工具)属性选项栏如图 4-5 所示。使用(套索工具)时，按住“Alt”键的同时拖动鼠标，能形成任意形状的曲线，一旦释放鼠标和“Alt”键，选取的起点与终点就会以直线相连，从而构成任意形状的封闭选取。按住“Alt”键，然后单击鼠标，此时套索工具变为多边形套索工具，再次单击时，点与点之间就会以直线相连。“选项”面板 羽化：0px 的用法同前面介绍的其他选择工具一样。

羽化：0 像素　消除锯齿　调整边缘...

图 4-5　套索工具选项栏

(2) (多边形套索工具)：其作用是在图像中选取出任意形状的多边形选区。(多边形套索工具)属性选项栏如图 4-6 所示。

羽化：0 像素　消除锯齿　调整边缘...

图 4-6　多边形套索工具选项栏

使用(多边形套索工具)时，可以通过拖动鼠标在图像中构成不规则的封闭多边形的选区，一旦双击释放鼠标，则选取的起点与终点就会以直线相连，从而构成不规则的多边形封闭选区。选项面板 羽化: 0px 的用法同前面介绍的其他选择工具一样。

(3) (磁性套索工具)：其作用是在图像中选取出不规则的且图形颜色与背景颜色反差较大的图形。磁性套索工具的属性选项栏如图 4-7 所示。

羽化: 1像素 消除锯齿 宽度: 10像素 对比度: 10% 频率: 100 调整边缘...

图 4-7 磁性套索工具选项栏

使用(磁性套索工具)时，可以通过拖动鼠标将图形颜色与背景颜色反差较大的图形选取出来，一旦释放鼠标，则选取的起点与终点就会以直线相连，从而形成图形与背景颜色反差较大的选区。在选取选区时，若鼠标的起点与终点位置相同，此时的旁边就会出现一个小圆圈。选项面板 羽化: 0px 的用法同前面介绍的其他选择工具一样。

如图 4-7 所示的磁性套索工具属性选项栏中部分选项说明如下：

宽度: ：在“宽度”文本框中输入像素值，以用来制定检测宽度。磁性套索工具只检测从指针开始位置的指定距离以内的边缘。

对比度: ：在“对比度”文本框中输入像素值来指定套索对图像的灵敏度。像素值为2%～200%之间的一个数值，较高的数值用来检测与环境对比鲜明的边缘，较低的数值则检测对比度较低的边缘。

频率: ：在“频率”文本框中可输入频率 2～200 之间的一个数值，用来制定套索工具设置紧固点的频率(较高的数值会更快地固定选区边框)。

：如果用户正在使用光笔绘图板，单击按钮将增大光笔压力从而导致边缘宽度减小。

四、魔棒工具

1. 魔棒工具

(魔棒工具)是一个非常神奇的选取工具，可以用来选择图像中颜色相似的区域。当使用(魔棒工具)单击图像中的某一个点时，那么该点附近与它颜色相同或相似的区域，便自动地被选中。通过设定(魔棒工具)属性选项栏，可以控制颜色的相似程度、是否连续、是否对所有图层取样等，(魔棒工具)属性选项栏如图 4-8 所示。

容差 文本框：在“容差”文本框中可以输入 0～255 之间的数值，输入值越小与所选取的像素颜色越相似。

☑ 消除锯齿 ：如果“消除锯齿”前面的复选框被打上“√”，所选区域会比较平滑。

☐ 连续 ：如果“连续”前面的复选框被打上“√”，则只能选择相邻区域的相同颜色的像素，否则只能选择不同区域的同一种颜色的所有像素。

☐ 对所有图层取样 ：如果“对所有图层取样”前面的复选框被打上“√”，则只能选择所有可见图层中的相同颜色的像素，否则只能选择当前图层中相似颜色的像素。使用方法：见减淡工具。

图 4-8　魔棒工具选项栏

2. 快速选择工具

快速选择工具是一个非常实用方便的选取工具，可以用来选取任意的图像区域，操作方法非常简单：调整好“画笔”大小，在图像的任意区域处单击，即可选取与画笔大小相同的区域。

(1) (建立新选区)：单击该按钮可建立新选区，如果以前有选区，在建立新选区的同时，以前选区将取消。

(2) (添加到选区)：单击该按钮可向当前选区中添加选区。

(3) (从当前选区中减去选区)：单击该按钮可向当前选区中减去选区。

(4)  (画笔)：主要用来定义快速选区工具的直径、硬度与间距。

(5)  对所有图层取样：如果“对所有图层取样”前面的复选框被打上“√”，在取样时，对所有图层进行取样，否则只能对当前图层取样。

五、制作动态图像

动画是在一段时间内显示的一系列图像或帧，当每一帧相对前一帧都有轻微的变化时，连续、快速地显示这些帧就会产生运动或其他变化的视觉效果。

单击“窗口”主菜单中的子菜单“时间轴”命令，展开“时间轴”面板，如果面板为帧模式，时间轴面板中各个按钮的含义如下：

当前帧：当前选择的帧。

帧延迟时间：设置帧在回放过程中的持续时间。

循环选项：设置动画在其作为 GIF 文件导出时播放次数。

选择第一帧：可选择序列中的第一帧作为当前帧。

选择上一帧：可选择当前帧的前一帧。

播放动画：可在窗口播放动画，再次单击则停止播放。

选择下一帧：可选择当前帧的下一帧。

过渡动画帧：用于两个现有帧之间添加一系列，让新帧之间的图层属性均匀化。

复制所有帧：可向面板中添加帧。

删除所选帧：可删除选择的帧。

模块二　项目任务

任务一　制作网页中的儿童艺术照片

任务描述:利用选框工具制作相框,再通过魔棒工具、快速选择工具与移动工具(磁性套索工具)进行两张照片的合成,形成较好的背景与前景,形成一张放在网页中的儿童艺术照片,如图 4-9 所示。

图 4-9　儿童艺术照片效果图

主要操作步骤及技巧:

(1) 打开两张素材:素材 4-1、素材 4-2。

(2) 选中素材 4-1,并运用快速选择工具进行选择选区,快速选择工具属性设置如图4-10所示,选取结果如图 4-11 所示。

图 4-10　快速选择工具属性设置

图 4-11　快速选择选取结果

(3) 再利用魔棒工具进行选择选区,魔棒工具属性设置如图 4-12 所示,选取结果如图 4-13 所示。

图 4-12　魔棒工具属性设置

图 4-13　魔棒工具选取结果

(4) 点击“选择”主菜单中的“反向”子菜单结果如图 4-14 所示。

图 4-14 “反向”选择结果

(5) 将素材 4-1 文件拉出如图 4-15 所示，再运用移动工具将小孩拉到素材 4-2 中，如图 4-16 所示。右击小孩所在的“图层 1”点击快捷菜单中的“合并可见图层”。

图 4-15 移动图像

图 4-16　移动后效果图

(6) 新建一个“儿童艺术照片”自定义文件，如图 4-17 所示。

新建

名称(N): 儿童艺术照片

预设(P): 自定

大小(I):

宽度(W): 640 像素

高度(H): 480 像素

分辨率(R): 72 像素/英寸

颜色模式(M): RGB 颜色 8 位

背景内容(C): 透明

高级

确定

复位

存储预设(S)...

删除预设(D)...

图像大小:

900.0K

图 4-17　文件设置

(7) 点击矩形选框工具选择新建选区在儿童艺术照片画一矩形,如图 4-18 所示。

图 4-18　新建矩形选区外

(8) 点击矩形选框工具的属性,从选区中减去,再画一矩形,如图 4-19 所示(注意四周矩形的宽度必须相同)。

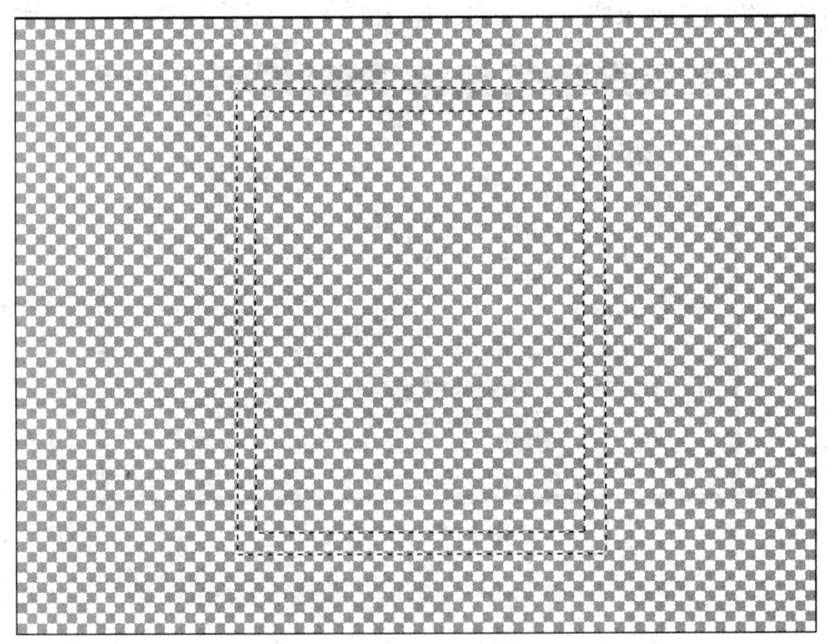

图 4-19　新建矩形选区内

(9) 点击常用工具栏中渐变工具 ,渐变工具的属性如图 4-20 所示。点击渐变工

具的属性栏中的渐变编辑器 ，作出如图 4-21 所示的设置，单击“确定”完成渐变设置。将光标从选区的左上角拖拉到右下角，结果如图 4-22 所示。

图 4-20　渐变工具选项设置

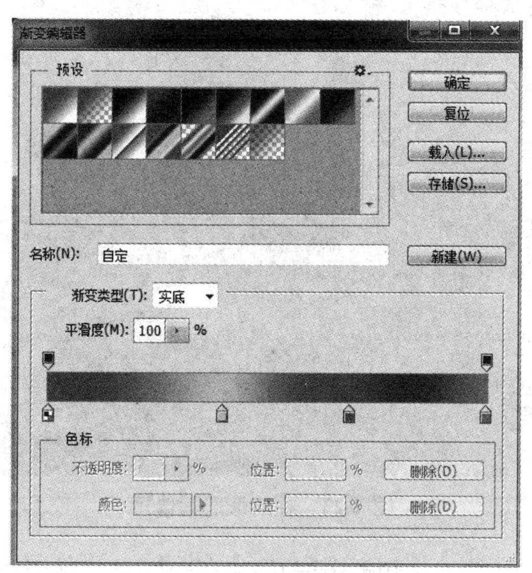

图 4-21　“渐变编辑器”设置

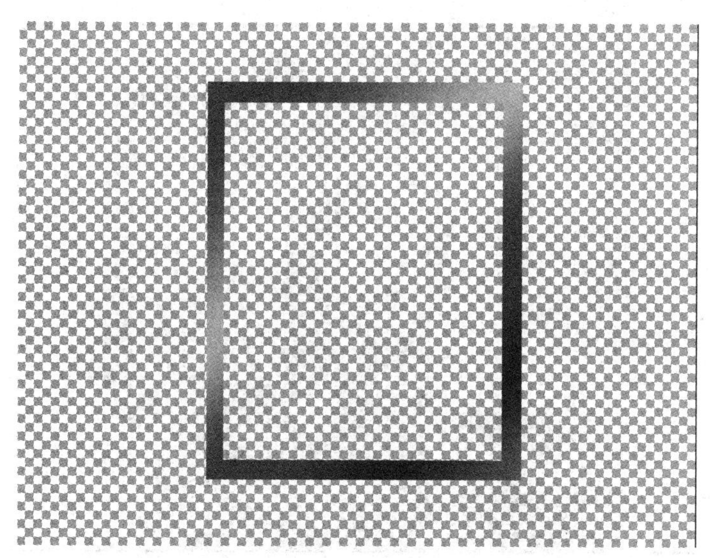

图 4-22　渐变后矩形选框

(10) 选中素材 4-2 文件，点击矩形选框工具将属性栏中羽化设置为 20，在素材 4-2 文件中画一矩形，如图 4-23 所示。

图 4-23　在矩形选框选择

(11) 将图层面板中的图层 1(相框图层)拖放在图层 2(小孩图层)上方,选中移动属性栏中"显示变换控件"调整相框的大小来适应小孩的大小,结果如图 4-24 所示。

图 4-24　儿童艺术照片效果图

(12) 选择"文件"主菜单,点击"存储为"将刚才制作的儿童艺术照片保存为扩展名为"儿童艺术照片.png"的文件。

任务二　制作房地产公司售楼处的效果图

任务描述：

利用魔棒工具、“色彩范围”等命令和选择区域的编辑等相关知识制作房地产公司售楼处的效果图。效果如图 4-25 所示。

图 4-25　房地产售楼处效果图

主要操作步骤及技巧：

（1）在 Photoshop CS6 中打开素材文件“素材 4-3”、“素材 4-4”、“素材 4-5”。

（2）在素材文件“素材 4-3”点击魔棒工具，将“容差”设置为 30，在“连续”前打“√”选中如图 4-26 所示的选区。再去除魔棒工具属性栏中“连续”前的“√”选中如图 4-27 所示的选区。

图 4-26　连续魔棒工具选区

图 4-27　不连续魔棒工具选区

(3) 点击矩形选框工具,选中矩形选框工具属性栏中“从选区中减去”将除天空以外的选区除去。效果如图 4-28 所示。

图 4-28　矩形选区

(4) 从“选择”主菜单中选择“反向”效果如图 4-29 所示。运用移动工具将其移动到素材 4-4 中,效果如图 4-30 所示。选中房屋所在的“图层 1”点击快捷菜单中的“合并可见图层”。

图 4-29　反向选区

图 4-30　移动图像

(5) 选中素材 4-5 所在的文件,点击主菜单“选择”,再点击子菜单中的“颜色范围”,将“色彩范围”对话框中的“颜色容差”设置为 200,如图 4-31 所示。

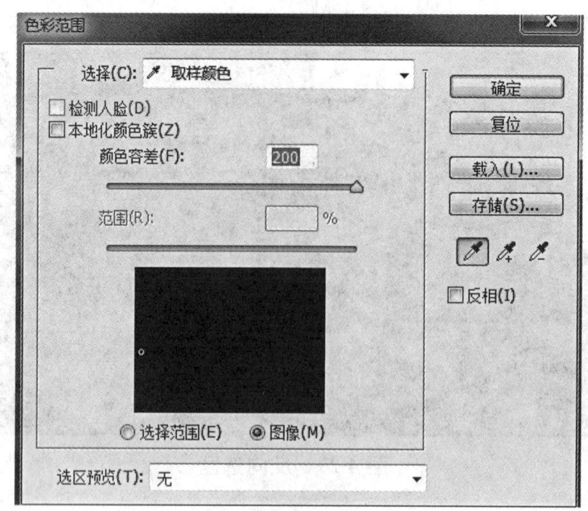

图 4-31 “色彩范围”设置

(6) 这时光标变为吸管,用吸管点击图中的天空位置,效果如图 4-32 所示。

图 4-32 “色彩范围”效果

(7) 再利用椭圆选框(或矩形选框)工具属性栏上的“从选区减去”减去多余的选区。最后选区如图 4-33 所示。

图 4-33　椭圆选区

(8) 在素材文件“素材 4-4”上执行主菜单“选择”中的子菜单“全部”命令，再执行主菜单“编辑”中子菜单“拷贝”命令。

(9) 在素材文件“素材 4-5”上执行主菜单“编辑”中的子菜单“选择性粘贴”中的“贴入”命令。利用移动工具稍微调整一下图像的位置。效果如图 4-34 所示。

图 4-34　粘贴后效果

(10) 选择“文件”主菜单，点击“存储为”将刚才制作的保存为扩展名为“售楼处的效果图. png”的文件。

任务三　网站欢迎视频的制作

任务描述：制作某旅游电子商务网站首页中的30秒左右欢迎进入网站的视频动画。

主要操作步骤及技巧：

(1) 按“Ctrl+O”组合键，打开“素材4-6”。新建“欢迎视频动画”文件，参数设置如图4-35所示。运用油漆桶工具将“欢迎视频动画”文件的背景修改为黑色，如图4-36所示。

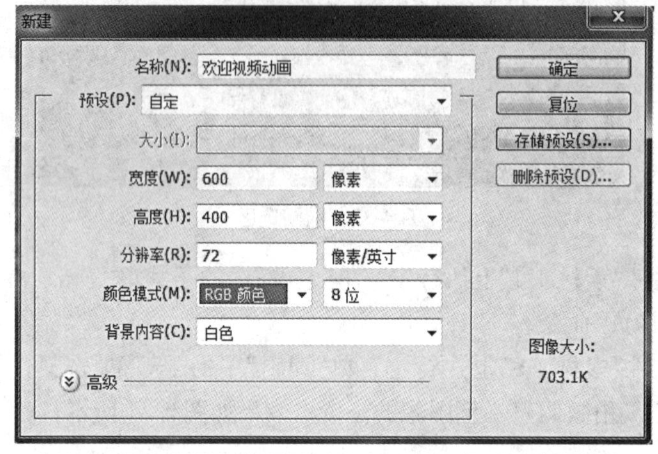

图4-35　新建文件参数

图4-36　文件背景

(2) 选中“素材4-6”文件，执行主菜单“选择”中的子菜单“全部”命令，运用移动工具将“素材4-6”中的内容移动到“欢迎视频动画”文件中，如图4-37所示。

图 4-37　移动后效果

(3) 执行主菜单“编辑”中的子菜单“自由变换”命令，“自由变换”属性栏设置如图 4-38 所示，点击“自由变换”属性栏右侧的“√“后效果如图 4-39 所示。

X: 299.00 像素 △ Y: 201.00 像素 W: 23% H: 30%

图 4-38　“自由变换”选项设置

图 4-39　自由变换后效果

(4) 展开“时间轴”面板，单击“复制所选帧”按钮，添加一个动画帧，选择“帧 1”动画帧，设置“图层 1”图层的“不透明度”为 10%，效果如图 4-40 所示。

图 4-40 “帧 1”效果

（5）选择“帧 2”动画帧，设置“图层 1”图层的“不透明度”为 100%，效果如图 4-41 所示。

图 4-41 “帧 2”效果

（6）在“时间轴”面板上选中“帧 1”后单击“过渡动画帧”按钮，弹出“过渡”对话框，保持默认设置，单击“确定”按钮，如图 4-42 所示。

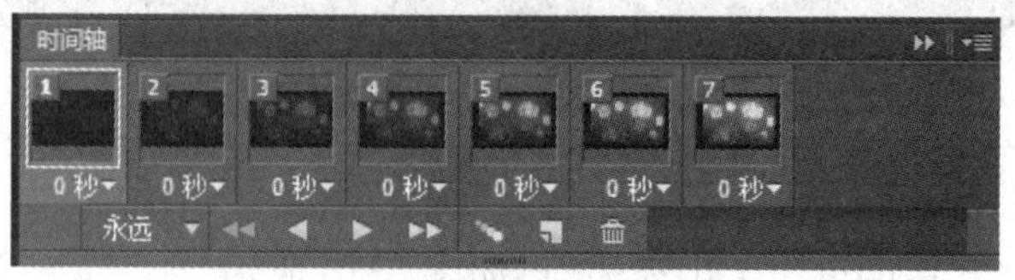

图 4-42 “过渡动画”效果

（7）在“时间轴”面板上选中“帧 7”后单击“复制所选帧”按钮，添加一个动画帧，用同样的方法置入“素材 4-7”的图像，适当缩放图像大小效果如图 4-43 所示。选择“帧 1”动画帧，在“图层”面板中隐藏“图层 2”图层，选择“帧 8” 动画帧，在“图层”面板中显示“图层 2”图层。

图 4-43 缩放图像大小效果

(8) 执行上述操作后，设置“图层 2”图层的“不透明度”为 10%，效果如图 4-44 所示，单击“复制所选帧”按钮，添加一个动画帧，设置“图层 2”图层的“不透明度”为 100%，用同样的方法，为其添加 5 个过渡帧。

图 4-44 “图层 2”效果

(9) 单击“复制所选帧”按钮，添加一个动画帧，用同样的方法置入“素材 4-8”适当缩放图像的大小，效果如图 4-45 所示，选择“帧 1”动画帧，在“图层”面板中隐藏“图层 3”图层，选择“帧 15”动画帧，在“图层”面板中显示“图层 3”图层。

图 4-45　适当缩放图像

(10) 执行上述操作后,设置“图层 3”图层的“不透明度”为 10%,效果如图 4-46 所示,单击“复制所选帧”按钮,添加一个动画帧,设置“图层 3”图层的“不透明度”为 100%,用同样的方法,为其添加 5 个过渡帧。

图 4-46　“图层 3”效果

(11) 单击“复制所选帧”按钮,添加一个动画帧,选取横排文字工具,在图像上单击,确认插入点,设置“字体”为“华康海报体”,字体的大小为 60 点、颜色为红色(RGB(255.0.0)),输入文字,效果如图 4-47 所示。

图 4-47　添加字体效果

(12) 为文字图层添加“外发光”图层样式，选择“帧 1”动画帧，在“图层”面板中隐藏文字图层，选择“帧 22”动画帧，在“图层”面板中显示文字图层，效果如图 4-48 所示，单击单击“复制所选帧”按钮，添加一个动画帧。

图 4-48　文字图层样式效果

(13) 将文字移至合适位置，单击“过渡动画帧”按钮，弹出“过渡”对话框，保持默认设置，单击“确定”按钮，添加过渡帧，如图 4-49 所示。

图 4-49　设置过渡动画帧

(14) 单击“复制所选帧”按钮，添加一个动画帧，在“图层”面板中设置文字图层的“不透明度”为 10%，效果如图 4-50 所示。

图 4-50　文字图层的“不透明度”

(15) 单击“过渡动画帧”按钮，弹出“过渡”对话框，保持默认设置，单击“确定”按钮，添加过渡帧，如图 4-51 所示。

图 4-51　添加过渡帧

(16) 单击“复制所选帧”按钮，添加一个动画帧，在“图层”面板中设置文字图层的“不透明度”为 10%，效果如图 4-52 所示。

图 4-52　设置文字图层不透明度

(17) 单击“过渡动画帧”按钮，弹出“过渡”对话框，保持默认设置，单击“确定”按钮，添加过渡帧，如图 4-53 所示。

图 4-53　添加过渡帧

(18) 单击“复制所选帧”按钮，添加一个动画帧，将文字移至合适位置，效果如图 4-54 所示，用同样的方法，添加 5 个过渡帧。

图 4-54　添加过渡帧效果

(19) 选择“文件”主菜单，点击“存储为”，将刚才制作的文件保存为“网站欢迎视频动画.gif”的文件。

项目小结

通过本项目主要学习了利用“选框工具”、“套索工具”、“魔棒工具”和“移动工具”进行多张图片的合成，并学会使用“时间轴面板”制作视频动画。

基本练习

1. 请运用“移动工具”、“选框工具”等相关知识制作如图 4-55 所示禁止标志。

图 4-55　禁止标志

2. 请运用“套索工具”、“魔棒工具”等相关知识制作如图 4-56 所示图片特效。

图 4-56　图片特效

拓展训练

3. 请运用“时间轴面板”、“移动工具”等工具制作下雨动画的动态效果，如图 4-57 所示。

图 4-57　下雨动画效果

项目五　残旧图像信息的恢复

项目概要

现有某出版集团、某广告公司、某旅游公司，需要对残旧图片进行处理。

1. 某出版集团，收集企业历史照片，做企业宣传，需要对残旧图像进行恢复。

2. 某广告制作公司，接到业务要求，为客户制作海报，样片模特面部祛斑严重，需要进行美化处理。

3. 某旅游公司需要景区宣传片，对所拍景区图像进行修复。

项目分析

残旧图像的恢复与修改。

1. 某出版集团宣传图片利用历史照片制作宣传册，历史照片部分破损，需要修复，运用仿制图章工具、选区工具和自由变换工具制作。

2. 某广告公司制作宣传海报，模特面部有雀斑，需要后期处理，运用修补工具、通道等命令进行制作。

3. 某旅游公司的宣传广告使用景区图片，由于拍摄的图片中有游客，需要修复，利用修复画笔、仿制图章工具制作。

模块一　项目知识

一、仿制图章工具

仿制图章工具是 Photoshop 软件中的一个工具，用来复制取样的图像。仿制图章工具是一个很好用的工具，也是一个很神奇的工具，它能够按涂抹的范围复制全部或者部分到一个新的图像中。

仿制图章工具　S（仿制图章工具）：选取仿制图章工具，然后把鼠标放到要被复制的图像的窗口上，这时鼠标将显示一个图章的形状，和工具箱中的图章形状一样，按住"Alt"键，单击一下鼠标进行定点选样，这样复制的图像被保存到剪贴板中。

模式：正常　不透明度：100%　流量：100%　对齐　样本：当前图层

图 5-1　仿制图章工具属性栏

属性栏中前几个参数与前面介绍的工具相关参数含义相同。

(1)“对齐”:勾选中该选项可以多次复制图像,所复制出来的图像仍是选定点内的图像,若未选中该复选框,则复制出的图像将不再是同一幅图像,而是多幅以基准点为模版的相同图像。

(2) 不透明度/流量:可以根据需要设置笔刷的不透明度和流量,使仿制的图像效果更加自然。注:使用仿制图章工具复制图像过程中,复制的图像将一直保留在仿制图章上,除非重新取样将原来复制图像覆盖;如果在图像中定义了选区内的图像,复制将仅限于在选区内有效。

二、图案图章工具

图案图章工具 S(图案图章工具):工具箱“图案图章工具”。单击属性栏“图案”选项,在弹出的对话框选择一种图案。然后在图像窗口中单击并按住鼠标左键不放来回拖动,被涂抹的区域将复制出所选择的图案效果。

注意:若需要对于新图案进行操作,需要自定义图案。方法如下:点击“矩形选框工具”,在图像上选择需要仿制的图形,框选后点击编辑菜单 编辑(E),找到“定义图案”工具 定义图案...,跳出对话框按“确定”即可。然后,再执行上一步操作即可。

三、修复工具

1. 污点修复画笔工具

污点修复画笔工具 J(污点修复画笔工具)是 Photoshop 中处理照片常用的工具之一,利用污点修复画笔工具可以快速移去照片中的污点和其他不理想部分。

使用方法:在使用污点修复画笔工具时。不需要定义原点,只需要确定需要修复的图像位置,调整好画笔大小,移动鼠标就会在确定需要修复的位置自动匹配,所以在实际应用时比较实用,而且在操作时也简单。我们平常在联想污点时容易想起衣物或者建筑物之类的污迹,那么除了这些,实际这个工具能操作的空间是很大的,比如简单的去痣工作只需轻轻一点就能实现了。

2. 修复画笔工具

修复画笔工具 J(修复画笔工具)的工作方式与污点修复画笔工具类似,不同的是“修复画笔工具”必须从图像中取样,并在修复的同时将样本像素的纹理、光照、透明度和阴影与源像素进行匹配,从而使修复后的像素不留痕迹地融入图像的其余部分。

19　模式: 正常　源: 取样　图案:　对齐　样本: 当前图层

图 5-2　修复画笔工具属性栏

◆ 19:画笔:可以选择修复画笔的大小及笔刷样式。单击画笔右侧的扩展按钮即可弹出 Photoshop CS6“画笔”面板,可以在此设置画笔的直径、硬度和压力大小等。如图 5-3 所示。

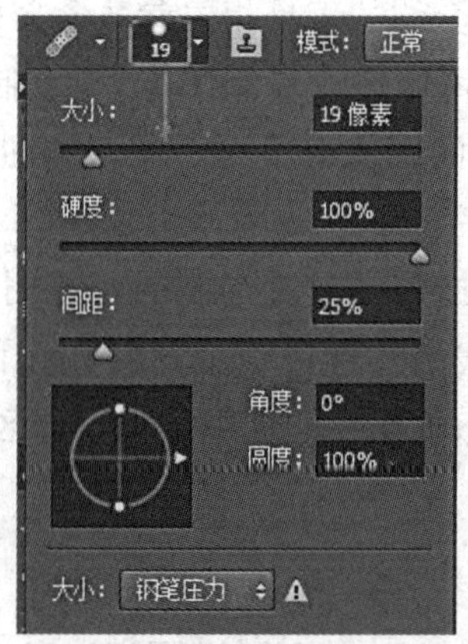

图 5-3 “画笔”参数面板

◆ 模式：单击右侧扩展按钮可选择复制像素或填充图案与底图的混合模式。

◆ 源：选择“取样”后，按住“Alt”键在图像中单击可以取样，松开鼠标后在图像中需要修复的区域涂抹即可；选择“图案”后，可在“图案”面板中选择图案或自定义图案填充图像。

◆ 对齐：勾选此选项，下一次的复制位置会与上次的完全重合。Photoshop CS6 图像不会因为重新复制而出现错位。

3. 修补工具

修补工具可以用其他区域或图案中的像素来修复选中的区域。修补工具是较为精确的修复工具。使用方法：选择这款工具把需要修复的部分圈选起来，这样我们就得到一个选区，把鼠标放置在选区上面后按住鼠标左键拖动就可以修复。同时在 Photoshop CS6 属性栏上，我们可以设置相关的属性，可同时选取多个选区进行修复，极大地方便了我们操作。

操作原理：选择状态为“源”的时候，拉取污点选区到完好区域实现修补。选择状态为“目标”的时候，选取足够盖住污点区域的选区拖动到污点区域，盖住污点实现修补。

修补工具使你可以用其他区域或图案中的像素来修复选中的区域。像修复画笔工具一样，修补工具会将样本像素的纹理、光照和阴影与源像素进行匹配。

四、图像修饰工具

图像修饰工具主要包括减淡工具、加深工具、海绵工具、模糊工具等。

“减淡工具”：减淡工具是一款提亮工具。这款工具可以把图片中需要变亮或增强质感的部分颜色加亮。通常情况下，我们选择中间调范围，曝光度较低数值进行操作。这样涂亮的部分过渡会较为自然。

图 5-4　减淡工具属性栏

“范围”范围: 中间调 :在其下拉列表中，“暗调”选项表示仅对图像中的较暗区域起作用;“中间调”表示仅对图像的中间色调区域起作用;“高光”表示仅对图像的较亮区域起作用。

“曝光度”曝光度: 50% :在该文本框中输入数值，或单击文本框右侧的三角按钮，拖动打开的三角滑块，可以设定工具操作时对图像的曝光强度。

使用方法:选择工具箱中“减淡工具”;在其属性栏中，单击画笔右侧的三角按钮，在打开的下拉列表中设置画笔的主直径、硬度和形状;按住鼠标左键不放，在图像中反复拖动，被涂抹后的图像区域亮度提高。

“加深工具”:

加深工具跟减淡工具刚好相反，通过降低图像的曝光度来降低图像的亮度。这款工具主要用来增加图片的暗部，加深图片的颜色。可以用来修复一些过曝的图片，制作图片的暗角，加深局部颜色等。这款工具与减淡工具搭配使用效果会更好。

使用方法:与减淡工具相似。

“海绵工具”:

海绵工具主要用来增加或减少图片的饱和度。在较色的时候经常用到。如图片局部的色彩浓度过大，可以用降低饱和度模式来减少颜色。同时图片局部颜色过淡的时候，可以用增加饱和度模式来加强颜色。这款工具只会改变颜色，不会对图像造成任何损害。

图 5-5　海绵工具属性栏

使用方法:见减淡工具。

五、橡皮擦工具

橡皮擦工具是一款擦除工具，利用这款工具，我们可以随意擦去图片中不需要的部分，如擦除人物图片的背景等。没有新建图层的时候，擦除的部分默认是背景颜色或透明的。同时可以在属性栏设置相关的参数，如:模式、不透明度、流量等可以更好地控制擦除效果。与画笔有点类似，这款工具还可以配合蒙版来用。

橡皮擦工具 E “橡皮擦工具”:

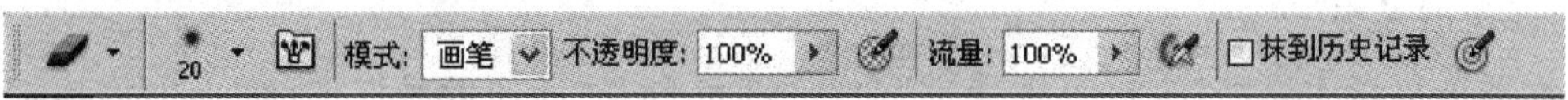

图 5-6　橡皮擦工具属性栏

当你在图像中拖移时，橡皮擦工具会更改图像中的像素。如果你正在背景中或在透明区域被锁定的图层中工作，像素将更改为背景色；否则像素将被抹成透明。还可以使用橡皮擦使受影响的区域返回到“历史记录”调板中选中的状态。

▪ 背景橡皮擦工具 E “背景橡皮擦工具”：

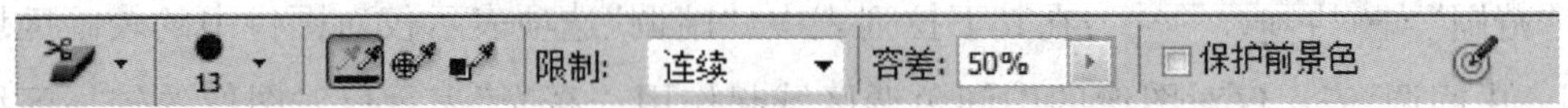

图 5-7　背景橡皮擦工具属性栏

这也是一款擦除工具，主要用于图片的智能擦除，选择这款工具后，我们可以在属性栏设置相关的参数：如：取样一次、取样背景色等，这款工具会智能地擦除我们吸取的颜色范围图片。如果选择属性面板的查找边缘，这款工具会识别一些物体的轮廓，可以用来快速抠图，非常方便。

▪ 魔术橡皮擦工具 E “魔术橡皮擦工具”：

图 5-8　魔术橡皮擦工具属性栏

魔术橡皮擦工具有点类似魔棒工具，不同的是魔棒工具是用来选取图片中颜色近似的色块。魔术橡皮擦工具则是擦除色块。这款工具使用起来非常简单，只需要在属性栏设置相关的容差值，然后在相应的色块上面点击鼠标左键即可擦除。

用魔术橡皮擦工具在图层中点按时，该工具会自动更改所有相似的像素。如果在背景中或是在带有锁定透明区域的图层中工作，像素会更改为背景色；否则像素会被抹为透明。你可以选择：在当前图层上，是只抹除的邻近像素，还是要抹除所有相似的像素。

六、通道基础知识

1. 通道概念

通道是图像文件的一种颜色数据信息储存形式，它与 Photoshop 图像文件的颜色模式密切关联，多个分色通道叠加在一起可以组成一幅具有颜色层次的图像。

在某种意义上来说，通道就是选区，也可以说通道就是存储不同类型信息的灰度图像。一个通道层同一个图像层之间最根本的区别在于：Photoshop 图像的各个像素点的属性是以红、绿、蓝三原色的数值来表示的。而通道层中的像素颜色是由一组原色的亮度值组成。通俗地说，通道是一种颜色的不同亮度，是一种灰度图像。

利用通道我们可以将勾画的不规则选区存储起来，将选区存储为一个独立的通道层，需要选区时，就可以方便地从通道中将其调出。

2. 通道面板

在菜单栏单击选择“窗口”→“通道”命令，即可打开“通道面板”。在面板中将根据图像文件的颜色模式显示通道数量。

如图 5-9 所示分别为 RGB 颜色模式和 CMYK 颜色模式：

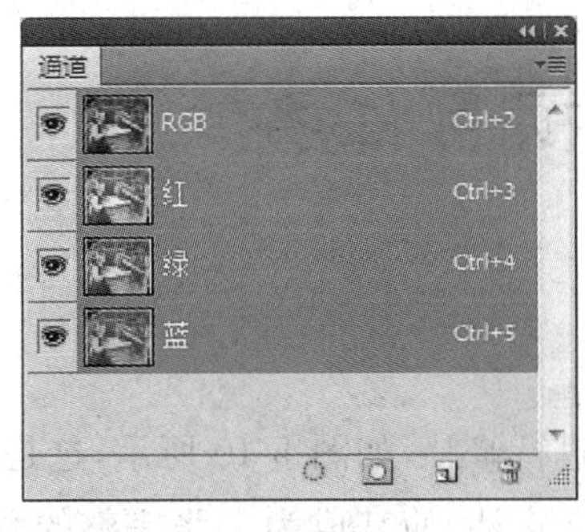

(a) RGB 颜色模式

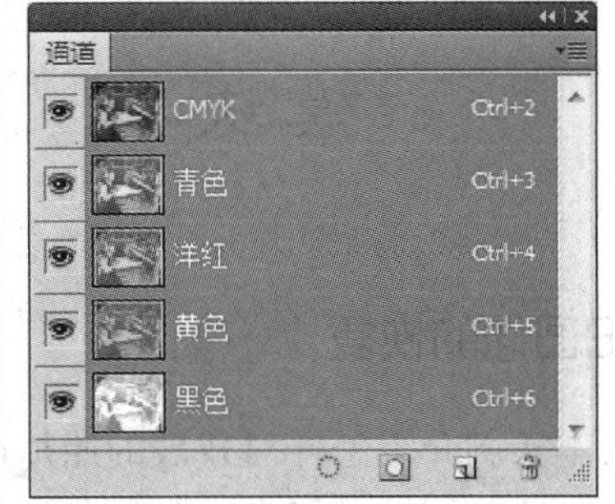

(b) CMYK 颜色模式

图 5-9　通道面板

在“通道面板”中可以通过直接单击通道选择所需通道，也可以按住“Shift”键单击选中多个通道。所选择的通道会以高亮的方式显示，当用户选择复合通道时，所有分色通道都将以高亮方式显示。

“将通道作为选区载入”：单击该按钮，可以将通道中的图像内容转换为选区；按住“Ctrl”键单击通道缩览图也可将通道作为选区载入。

“将选区存储为通道”：单击该按钮，可以将当前图像中的选区以图像方式存储在自动创建的 Alpha 通道中。

“创建新通道”：单击该按钮，即可在“通道面板”中创建一个新通道。

“删除当前通道”：单击该按钮，可以删除当前用户所选择的通道，但不能删除图像的原色通道。

3. 通道分类

在 Photoshop 中包含 4 种类型的通道，分别是：颜色通道、Alpha 通道、专色通道和临时通道。

通道的基本操作：

①单击“通道面板”中的一个通道即可选择该通道，文档窗口中会显示所选通道的灰度图像。按住“Shift”键单击其他通道，可以选择多个通道，此时窗口中会显示所选颜色通道的复合信息，通道名称的左侧显示了通道内容的缩览图，在编辑通道时，缩览图会自动更新。

②单击 RGB 复合通道可以重新显示其他颜色通道，此时可同时预览和编辑所有颜色通道。

③通过快捷键选择通道：

按下“Ctrl＋数字键”可以快速选择通道。例如，如果图像为 RGB 模式，按下“Ctrl＋3”键可以选择红通道；按下“Ctrl＋4”键可以选择绿通道；按下“Ctrl＋5”键可以选择蓝通道；按下“Ctrl＋6”键可以选择蓝通道下面的 Alpha 通道；如果要回到 RGB 复合通道，可以按下“Ctrl＋2”键。

模块二　项目任务

任务一　破旧图像的恢复

任务描述:本实例介绍怎样对残破的照片进行修补,如图 5-10 所示,这是一张珍贵的旧照片,照片的边角缺损了,利用原有的图片进行修补,使其成为一张完整的图片,如图 5-11 所示。

图 5-10　恢复前

图 5-11　恢复后

观察整个图片的残缺部分,用不同的手法进行修补图像,残缺区域比较大的地方,先用"矩形选框"工具圈出选区,复制出图层,对图像进行修补。对比较细致的地方使用"仿制图章工具"进行修补。如图 5-12 所示。

图 5-12　恢复步骤

主要操作步骤及技巧:

(1) 打开文件。使用 Photoshop 打开素材图片。

(2) 圈出选区。使用“矩形选框工具”圈出选区,如图 5-13 所示。

图 5-13　“矩形选框”工具

(3) 使用“自由变换”命令。按“Ctrl+J”快速复制出图层,再对新复制的层使用“自由变换”命令,如图 5-14 所示。

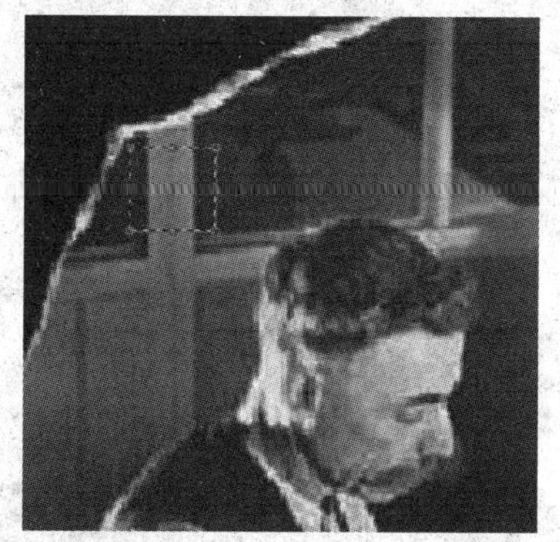

图 5-14　对所选区域进行“自由变换”

(4) 拉伸填补图像。在“自由变换”命令的基础上进行拉伸,填补残缺图像,如图 5-15 所示。

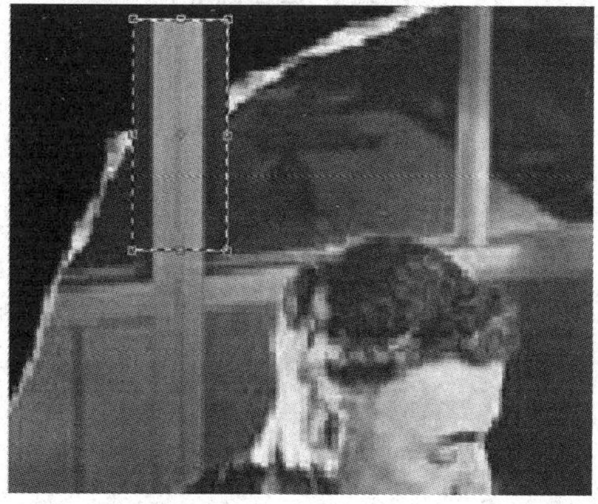

图 5-15　“自由变换”工具拉伸

(5) 合并图层。选择“图层”→“合并可见图层”命令合并图层。

(6) 修复残缺图像。使用“仿制图章工具”修复照片残缺部分,如图 5-16 所示。

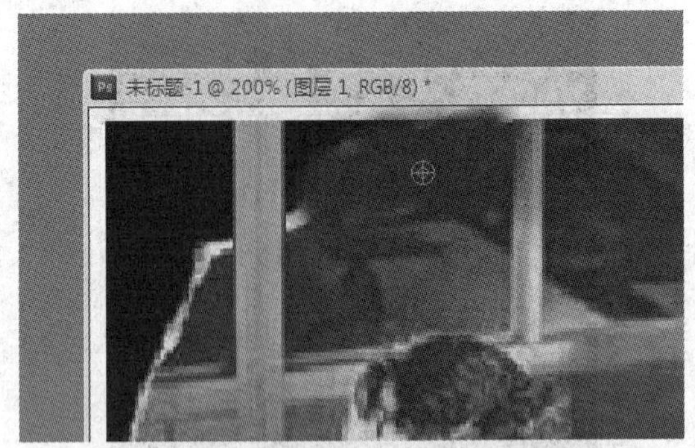

图 5-16 “仿制图章工具”修复

(7) 完成操作。整个实例操作完毕,效果如图 5-17 所示。

图 5-17 完成效果

任务二　人像祛斑及磨皮

任务描述：先对素材进行初步的处理，如用修复画笔等修复较大的瑕疵及斑点；然后在通道复制斑点与肤色对比较大的通道，并用滤镜及计算把斑点处理更明显；最后调出斑点选区，用曲线调亮，并用蒙版控制范围即可祛斑，同时再用修复画笔去掉留下的斑点，再用滤镜增加肤色质感即可。

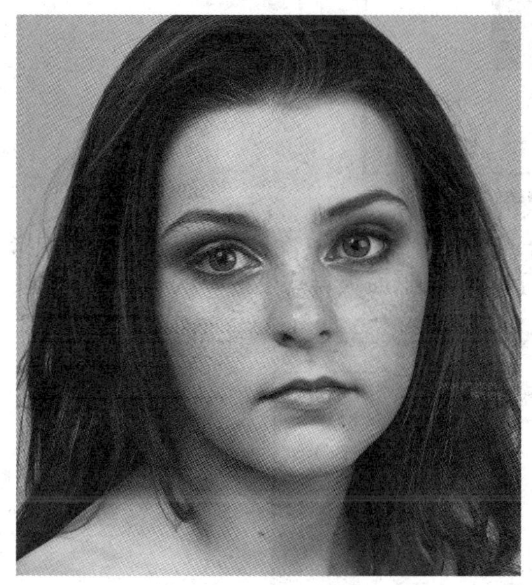
图 5-18　修复前

图 5-19　修复后

主要操作步骤及技巧：

(1) 拷贝背景，用修复画笔祛斑块和污点，如图 5-20 所示。

(2) 切换到通道面板，选择蓝通道并拷贝，如图 5-21 所示。

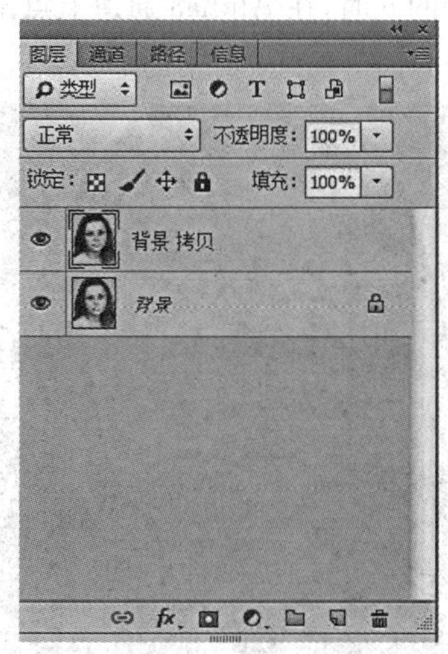

图 5-20　拷贝背景

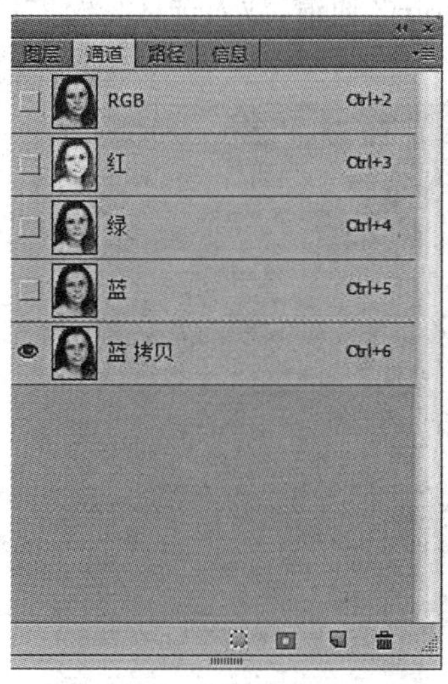

图 5-21　通道面板

(3) 执行“滤镜”→“其他”→“高反差保留”命令，半径设为 10 像素，确定，如图 5-22 所示。

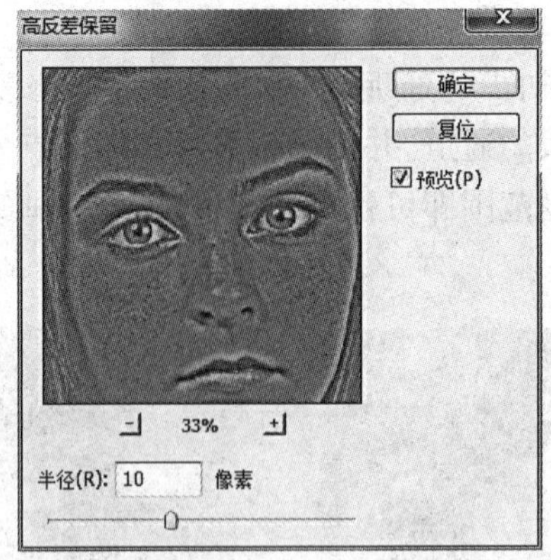

图 5-22　滤镜设置

(4) 再执行“图像”→“计算”命令。将混合改“强光”，进行三次计算，通道选择“蓝拷贝”，混合模式选择“强光”，如图 5-23 所示。执行一次，通道面板自动生成一次 Alpha 通道。

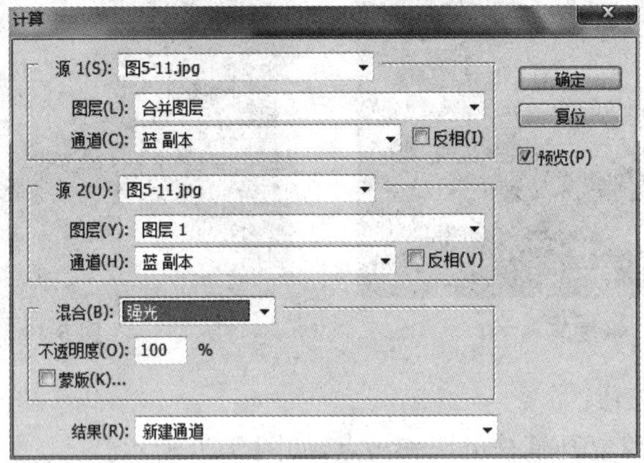

图 5-23　图像计算

(5) 将 Alpha3 通道，载入选区，按住“Ctrl”键的同时，在 Alpha3 通道上点击，如图 5-24、图 5-25 所示。

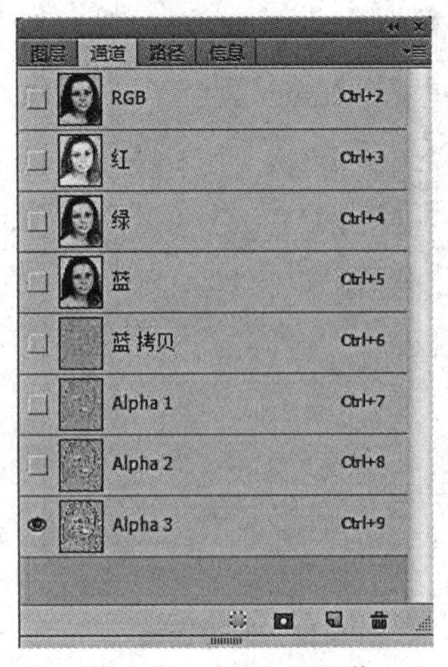

图 5-24　Alpha3 通道

图 5-25　通道效果

(6) 点"RGB 通道",返回图层,再执行"选择"→"反向"命令进行反选;按"Ctrl+H"键,隐去选区。执行"图像"→"调整"→"曲线"命令。拉时不要太过,自己掌控,参数如图 5-26 所示。

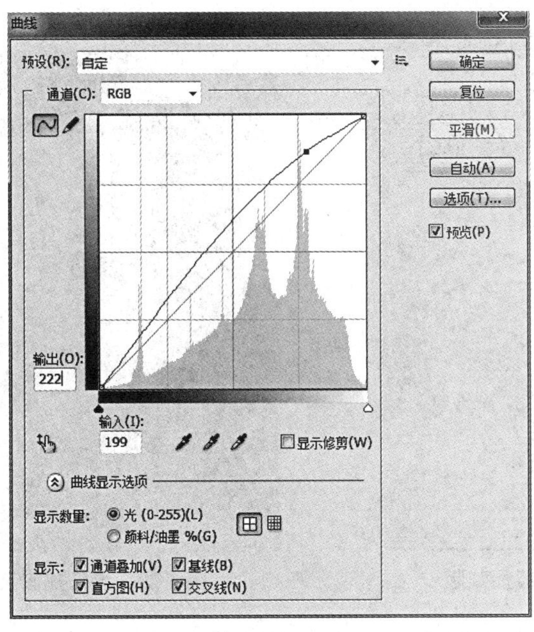

图 5-26　曲线设置

(7) 执行"选择"→"取消选择"命令,取消选取(快捷键"Ctrl+D"),放大图像,再用修复画笔,找一找斑点污点,进行修复,如图 5-27 所示。

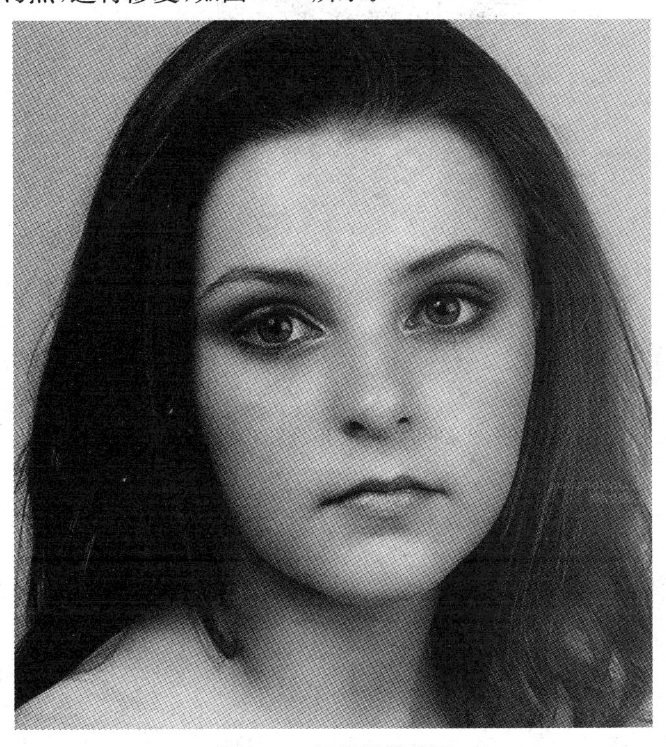

图 5-27　修复画笔效果

(8) 在拷贝层添加“蒙版”,用黑画笔,涂抹五官及毛发。画笔不透明度自己掌控,如图 5-28 和图 5-29 所示。

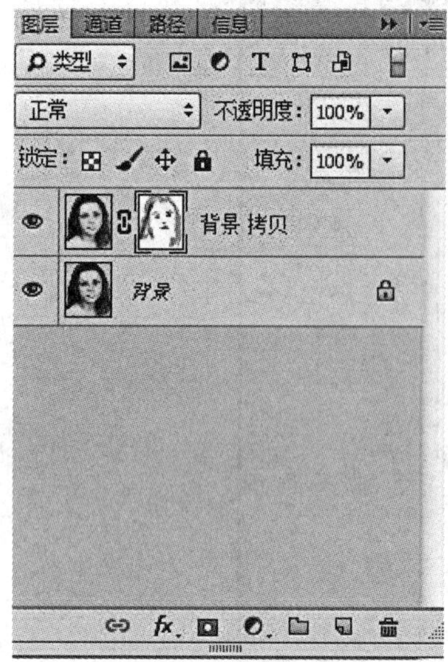

图 5-28 添加蒙版

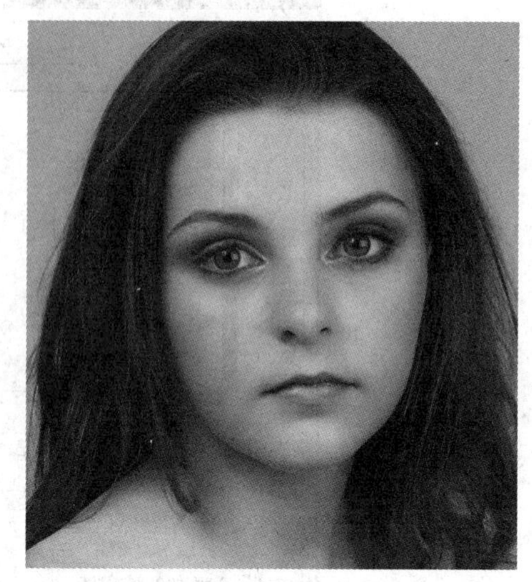

图 5-29 涂抹五官及毛发效果

(9) “盖印图层”(快捷键“Ctrl+Shift+Alt+E”)。执行“滤镜”→“纹理”→“纹理化”命令(给肤色添加毛细孔效果),如图 5-30 和图 5-31 所示。

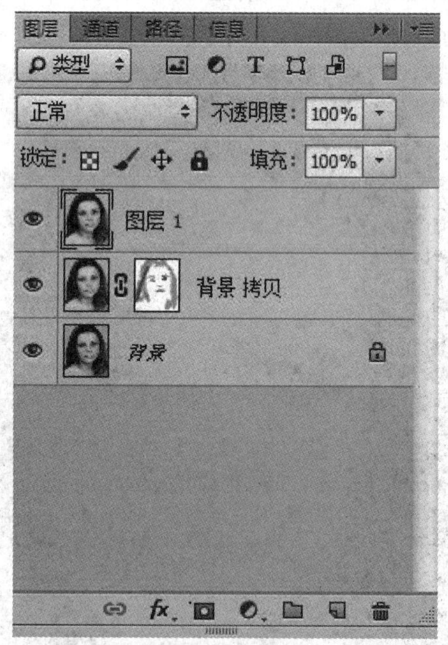

图 5-30 盖印图层

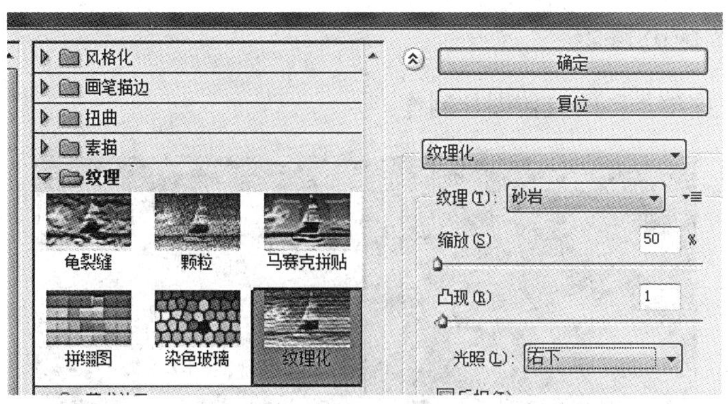

图 5-31　纹理化设置

(10) 确定后，再添加蒙版，用黑画笔涂抹五官毛发及背景，如果太明显，降低图层不透明度(自己掌控)，如图 5-32 所示。

(11) 最终效果如图 5-33 所示。

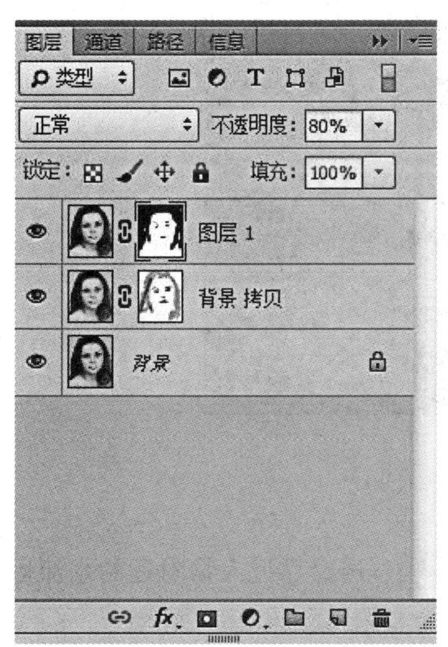

图 5-32　添加蒙版

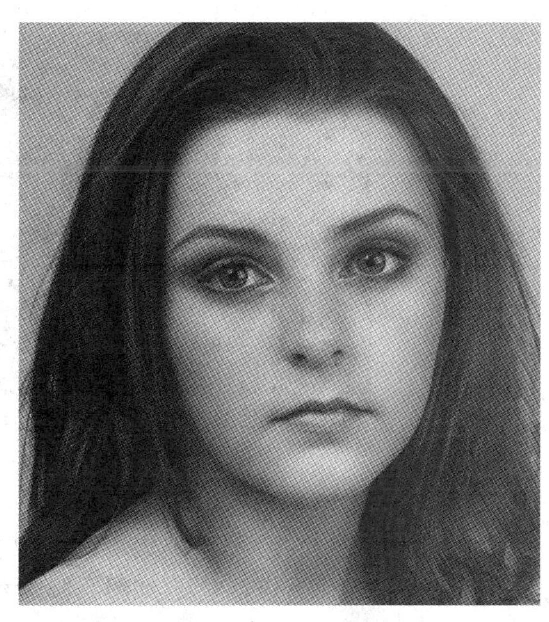

图 5-33　修复后效果

任务三　现有图像的修改

任务描述:某旅游景区的宣传图片制作。

图 5-34　处理前

图 5-35　处理后

操作步骤:

(1) 打开原图,使用“修复画笔工具” 修复画笔工具 J ,选择靠近人物附近的水流区域,进行取样,然后在人物部分进行修复,如图 5-36 所示。

图 5-36　原图部分修复

(2) 继续执行"修复画笔"命令，选择合适的取样位置，继续修复如图 5-37 所示。

图 5-37　原图继续修复

(3) 配合"仿制图章"工具，再次在修复区域，仿制图案，如图 5-38 所示。

图 5-38　原图再次修复

项目小结

通过本项目主要学习了"图章工具"和"修复画笔工具"的使用，并学会使用"通道"和"蒙版"配合修复图像。

基本练习

1. 请运用"修复画笔工具"、"仿制图章工具"等相关知识修复如图 5-39 所示人物面部祛斑。

图 5-39　修复面部祛斑

2. 请运用“图案图章工具”等相关知识修复如图 5-40 所示图片特效，效果如图 5-41 所示。

图 5-40　修复前

图 5-41　修复后

拓展训练

请运用“仿制图章工具”、“修复画笔工具”修复封面上文字部分，使人物头像完全复原，如图 5-42 所示。

图 5-42　人物头像

项目六　商务文字信息的处理

项目概要

现有房地产公司、酒吧与旅游公司要求进行纯文字信息平面广告的设计。设计的广告既可以作为实体广告，也可以作为网络广告作用。

1. 凤凰房地产公司的凤凰嘉园公寓文字信息已经收集完备，现需将其融入一个广告页面。

2. 扬州 MARRY 酒吧现需要设计一个包含 MARRY 文字信息标牌。

3. 张家界旅游公司现需要设计具有霓虹灯性质的发光文字(漂流)户外大型广告。

项目分析

纯文字信息平面广告的设计与处理主要运用到 Photoshop 中的文字工具和图层、图层样式以及滤镜等技术。

1. 凤凰房地产公司关于凤凰嘉园公寓的广告页面已经给出，运用钢笔工具绘制一个闭合的路径，再使用文字工具将相关信息融入到此广告页面中。

2. 扬州 MARRY 酒吧标牌现设计将其显示出粗犷与野性的特征，现用具有金属铁皮天然粗糙质感来体现标牌广告，运用图层、文字工具与图层样式等技术设计制作。

3. 张家界旅游公司的“漂流”霓虹灯户外广告使用发光文字效果来进行，运用图层、文字工具与滤镜等技术设计制作。

模块一　项目知识

一、文字工具

要输入文字，首先要认识输入文字的工具。按住工具箱中的工具不放，将显示出下拉列表工具组，其中各按钮的作用如下：

◆ T 横排文字工具 (横排文字工具)：在图像文件中创建水平文字，且在图层面板中建立新的文字图层。

◆ ↓T 直排文字工具 (直排文字工具)：在图像文件中创建垂直文字，且在图层面板中建立新的文字图层。

◆ T 横排文字蒙版工具 (横排文字蒙版工具)：在图像文件中创建水平文字的形状的选区，但

在图层面板中不建立新的图层。

◆ 直排文字蒙版工具（直排文字蒙版工具）：在图像文件中创建垂直文字的形状的选区，但在图层面板中不建立新的图层。

文字工具组中各工具对应的工具属性栏中的选项参数非常相似，这里以横徘文字工具属性栏为例进行介绍，如图 6-1 所示。

图 6-1　横排文字工具属性栏

◆ （更改文本方向）：单击此按钮，可以将选择的水平方向的文字转换为垂直方向，或将选择的垂直方向的文字转换为水平方向。

◆ 华文行楷（字体）：设置文字的字体。单击其右侧的窄按钮，在弹出的下拉列表框中可以选择所需的字体。

◆ （字型）：设置文字使用的字体形态，但只有选中某些具有该属性的字体后，该下拉列表框才能激活。该下拉列表框包括 Regular（规则的）、Italic（斜体）、Bold（粗体）和 Bold Italic（粗斜体）4 个选项。

◆ 60 点（字体大小）：设置文字的大小。单击其右侧的下拉按钮、在弹出的下拉列表框中可选择所需的字体大小，也可直接在该文本框中输入字体大小的值。

◆ 平滑（消除锯齿）：设置消除文字锯齿的功能。提供了“无”、“锐利”、“明晰”、“强”和“平滑”5 个选项。

◆ （对齐方式）：设置段落文字排列（左对齐、居中和右对齐）的方式。当文字为竖排时，3 个按钮变为顶对齐、居中和底对齐。

◆ （文本颜色）：设置文字的颜色。单击可以打开“拾色器”对话框，从中选择字体的颜色。

◆ （变形文本）：创建变形文字。

◆ （字符和段落调板）：单击该图标，可以显示或隐藏“字符”和“段落”调板，用于调整文字格式和段落格式。

二、图层的使用

1. 认识图层

图层是 Photoshop 的核心功能之一，有了它才能随心所欲地对图像进行编辑和修饰，没有图层则很难通过 Photoshop 处理出优秀的作品。

(1) 图层的概念

当新建一个图像文档时，系统会自动在新建的图像窗口中生成一个图层，这时用户就可以通过绘图工具在图层上进行绘图。由此可以看出，图层是用来装载各种各样的图像，它是图像的载体，没有图层。图像是不存在的。一个图像通常都是由若干个图层组成。

(2) 认识“图层”控制面板

系统默认情况下，“图层”控制面板如图 6-2 所示位于工作界面的右侧，它用于存储、创建、复制或删除等图层管理工作。

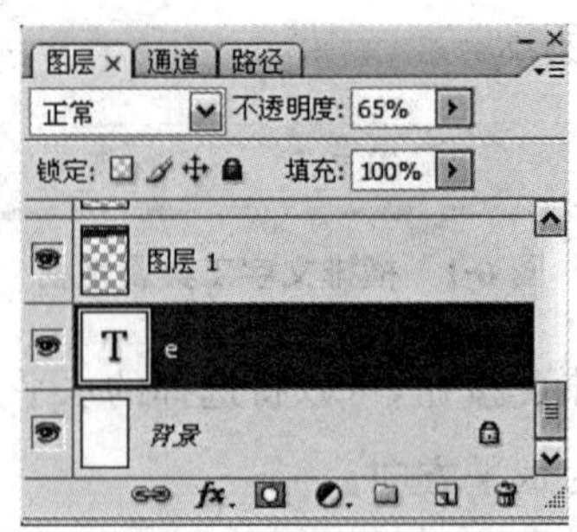

图 6-2 “图层”控制面板

“图层”控制面板中最底部的图层称为背景图层，其右侧有一个锁形图标，表示它被锁定，不能进行移动、更名等操作。其他图层位于背景图层之上，可以进行任意移动或更名等常用操作。图层的最初名称由系统自动生成，也可根据需要将其指定成另外的名称，以便于管理。

2. 图层的基本操作

通过“图层”控制面板，用户可以方便地实现图层的创建、复制、删除、排序、对齐、链接和合并等操作，这也是制作复杂图像必须要掌握的知识点。

(1) 新建图层

创建图层，首先要新建或打开一个图像文档，既可以通过“图层”控制面板快速创建，也可以通过菜单命令来创建。

①通过“图层”控制面板创建图层

单击“图层”控制面板底部的“创建新图层”按钮，可以快速创建具有默认名称的新图层。

②通过菜单命令创建图层

通过菜单命令创建图层，不但可以定义图层在“图层”控制面板中的显示颜色，还可以定义图层混合模式、不透明度和名称。

(2) 复制图层

复制图层就是为已存在的图层创建图层副本。下面分别介绍两种不同的图层复制方法。

①通过菜单命令复制图层

通过菜单命令可以为当前已打开的不同图像创建新图层。

②通过“图层”控制面板复制图层

通过“图层”控制面板复制图层是使用最频繁的图层复制方法。将鼠标移动到需复制的图层上，按住鼠标左键并向下拖到 按钮上当呈凹下状态时松开鼠标左键，即可将图层复制。

(3) 删除图层

对于不再使用图层可以将其删除，删除图层后该图层中的图像也将被删除。删除图层有如下几种方法：

①通过菜单命令删除图层

②通过“图层”控制面板上的按钮删除图层

(4) 调整图层排列顺序

图层中的图像具有上层覆盖下层的特性，所以适当的调整图层排列顺序可以帮助制作出更为丰富的图像效果。调整图层排列顺序的操作方法非常简单，只需按住鼠标左键将图层拖至目标位置，当目标位置显示一条高光线时释放鼠标即可。

(5) 选择图层

只有正确地选择了图层，才能正确地对图像进行编辑及修饰。选择图层有 3 种方法：

①选择单个图层

如果要选择某个图层，只需在“图层”控制面板中单击要选择的图层即可，被选择的图层背景呈蓝色显示。

② 选择多个连续图层

Photoshop CS6 允许用户按“Shift”键同时选择多个连续图层。

③选择多个不连续图层

Photoshop CS6 允许用户按“Ctrl”键同时选择多个不连续图层。

(6) 链接图层

是图层的链接按钮，它是将选中的多个图层链接成一组。可以同时对链接的多个图层进行移动、变换和复制操作。

(7) 对齐与分布图层

Photoshop CS6 允许用户同时对选择的图层进行对齐和分布，从而实现图像间的精确移动。

(8) 合并图层

合并图层就是将两个或两个以上的图层合并到一个图层上。较复杂的图像处理完成后，一般都会产生大量的图层，这会使图像文件变大，使电脑处理速度变慢，这时可根据需要对图层进行合并，以减少图层的数量。

①向下合并图层

向下合并图层就是将当前图层与它底部的第一个图层进行合并。

②合并可见图层

合并可见图层就是将当前所有的可见图层合并成一个图层，选择“图层/合并可见图层”命令即可。

③拼合图层

拼合图层就是将所有可见图层进行合并，而隐藏的图层将被丢弃，选择“图层/拼合图像”命令即可。

三、图层的样式

Photoshop CS6 允许为图层添加样式，以使图像呈现不同的艺术效果。Photoshop CS6 内置了十多种图层样式，使用它们只需简单设置几个参数就可以轻易地制作出投影、外发光、内发光、浮雕、描边等效果。

1. 投影样式

投影样式用于模拟物体受光后产生的投影效果，主要用来增加图像的层次感，生成的投影效果是沿图像边缘向外扩展。

2. 内阴影样式

内阴影样式沿图像边缘向内产生投影效果，刚好与投影样式产生效果方向相反，其参数控制区也大致相同。

3. 外发光样式

外发光样式沿图像边缘向外生成类似图像发光效果。

4. 内发光样式

内发光与外发光样式在产生效果的方向上刚好相反，它是沿图像边缘向内产生发光效果，其参数设置也一样。

5. 斜面和浮雕样式

斜面和浮雕样式用于增加图像边缘的暗调及高光，使图像产生立体感。

6. 光泽样式

光泽样式通常用于制作光滑的磨光或金属效果。

7. 颜色叠加样式

颜色叠加样式就是使用一种颜色覆盖在图像表面。

8. 渐变叠加样式

渐变叠加样式就是使用一种渐变颜色覆盖在图像表面。

9. 图案叠加样式

图案叠加样式是使用一种图案覆盖在图像表面，如同使用图案图章工具使用一种图案填充图像或选区一样。

10. 描边样式

使用描边样式可以沿图像边缘填充一种颜色，如同使用“描边”命令图像边缘或选区边缘一样。

四、滤镜的使用

1. 滤镜的样式

Photoshop CS6 提供了多达十几类、上百种滤镜，使用每一种滤镜都可以制作出不同的图像效果，而将多个滤镜叠加使用，更是可以制作出奇妙的特殊效果。Photoshop CS6 提供的滤镜都放置在“滤镜”菜单中。

2. 滤镜的作用范围

滤镜命令只能作用于当前正在编辑的、可见的图层或图层中的选定区域，如果没有选定区域、系统会将整个图层视为当前选定区域。另外，也可对整幅图像应用滤镜。

要对图像使用滤镜，必须要了解图像色彩模式与滤镜的关系。RGB 颜色模式的图像可以使同 Photoshop CS6 下的所有滤镜，而不能使用滤镜的图像色彩模式有位图模式、16 位灰度图、素引模式、48 位 RGB 模式。

有的色彩模式图像只能使用部分滤镜，如在 CMYK 模式下不能使用画笔描边、素描、纹理、基术效果和视频类滤镜。

3. 滤镜的使用方法

滤镜的使用方法与使用色彩调整命令调整图像色彩的方法一样，都是先选择菜单命令，然后在打开的对话框中通过调整参数来改变图像效果，只不过滤镜使用的对话框更为复杂一些。

4. 常用滤镜

Photoshop CS6 提供了抽出、液化、图案生成器和消失点等 4 个简单滤镜，下面分别介绍它们具体的设置与应用。

(1) 抽出滤镜

使用“抽出”滤镜可以将图像中特定区域精确地从背景中提取出来，因此可以将其看作是对绘制选区功能的补充。

(2) 液化滤镜

使用“液化”滤镜可以对图像的任何部分进行各种各样的液化效果的变形处理，如收缩、膨胀、旋转等，并且在液化过程中可对其各种效果程度进行随意控制，是修饰图像和创建艺术效果的有效方法。

(3) 图案生成器滤镜

使用“图案生成器”滤镜可以根据选取图像的部分或剪贴板中的图像来生成各种图案，其特殊的混合算法避免了在应用图像时的简单重复，实现了拼贴块与拼贴块之间的无缝拼接。

(4) 消失点滤镜

使用“消失点”滤镜可以在选定的图像区域内进行克隆、喷绘、粘贴图像等操作时，使操作对象根据选定区域内的透视关系自动进行调整，以适配透视关系。

模块二　项目任务

任务一　房地产商务文字信息的处理

任务描述:通过在闭合路径内输入文字制作房产宣传广告,效果如图 6-3 所示。通过该实例设计制作,熟悉在闭合路径内输入文字的方法。

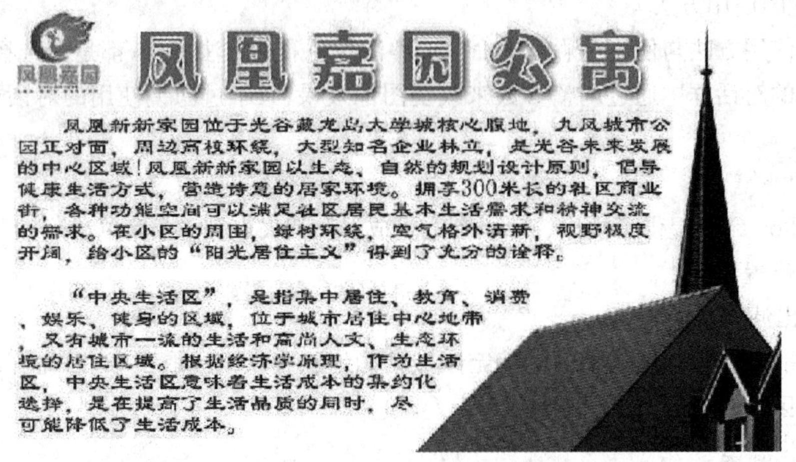

图 6-3　房产宣传广告

主要操作步骤及技巧:

(1) 打开文件“凤凰嘉园公寓. jpg”素材文件。

(2) 使用钢笔工具绘制如图 6-4 所示的闭合路径。

图 6-4　闭合路径

(3) 打开“凤凰嘉园公寓. doc”,全选文字,按“Ctrl+C”键将文字复制到剪贴板上。

(4) 单击文字工具 T，移到闭合路径内，光标变成形状，在闭合路径内单击鼠标左键，按“Ctrl+V”键将文字粘贴到图像文件中，单击属性工具栏的✔按钮确认文字输入。

(5) 单击属性工具栏的按钮，弹出“字符和段落”调板，选择“字符”调板，设置文字字体为“隶书”，字号为“10 点”，颜色为深绿色(R:35 G:110 B:0)，其他字符属性设置如图 6-5 所示。

(6) 选择“段落”调板，设置段落属性如图 6-6 所示。

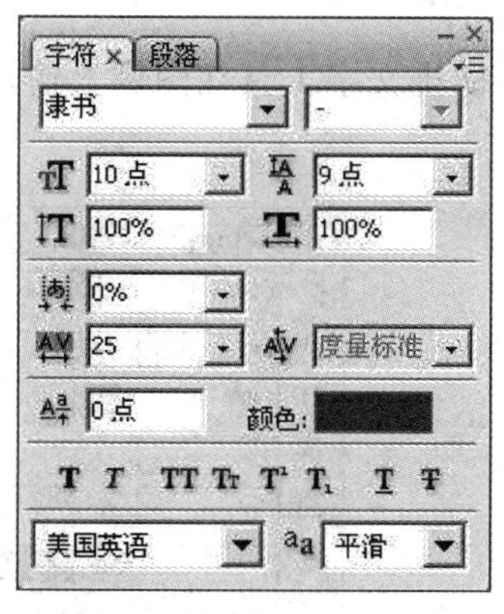

图 6-5　“字符”参数设置

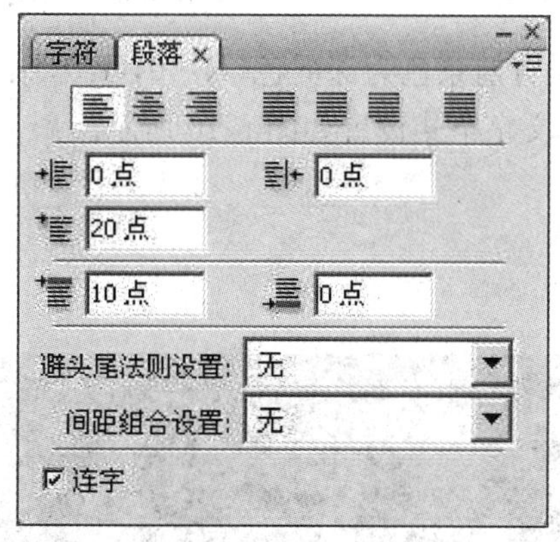

图 6-6　“段落”参数设置

(7) 选择“路径”调板，在灰白处单击将路径隐藏，至此，房产宣传广告制作完成，效果如图 6-3 所示。

任务二　酒吧标牌文字信息的处理

任务描述：通过在“图层样式”对话框中设置各种图层效果，制作金属铁皮文字效果，如图 6-7 所示。通过该实例设计制作，熟悉图层的创建、复制等基本操作和各种图层效果的应用，掌握设置图层样式制作图像特效的方法。

图 6-7　金属铁皮文字效果

主要操作步骤及技巧：

(1) 打开素材中“砖墙纹理.jpg”文件，如图 6-8 所示。

图 6-8 “砖墙纹理.jpg”文件

(2) 设置前景色为深褐色(R:50,G:0,B:0),选择横排文字工具在图像上输入如图 6-9 所示文字,文字格式设置如图 6-10 所示。

图 6-9 输入文字

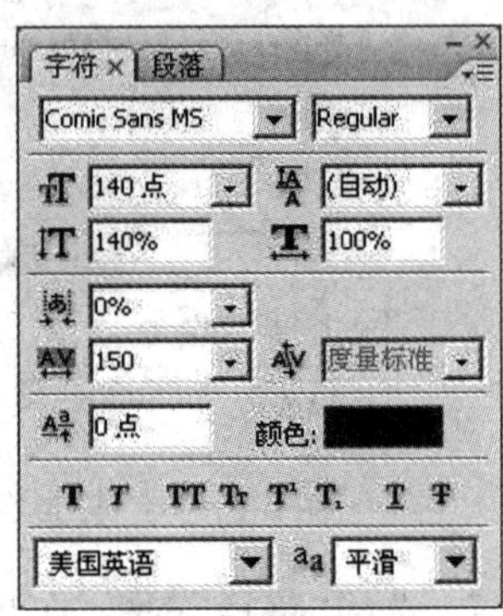

图 6-10 设置文字格式

(3) 选择“MARRY”图层,在“图层”调板中单击鼠标右键,在弹出菜单中选取“栅格化文字”命令,将文字图层转换为普通图层,选取“滤镜”→“其他”→“最小值”菜单命令,在弹出的“最小值”对话框中设置半径为 3 像素,将文字加粗。

(4) 在“图层”调板中双击“MARRY”图层,弹出“图层样式”对话框,勾选“斜面和浮雕”以及“等高线”选项,分别进行如图 6-11 和图 6-12 所示的设置,制作文字铁皮效果,如图 6-13 所示。

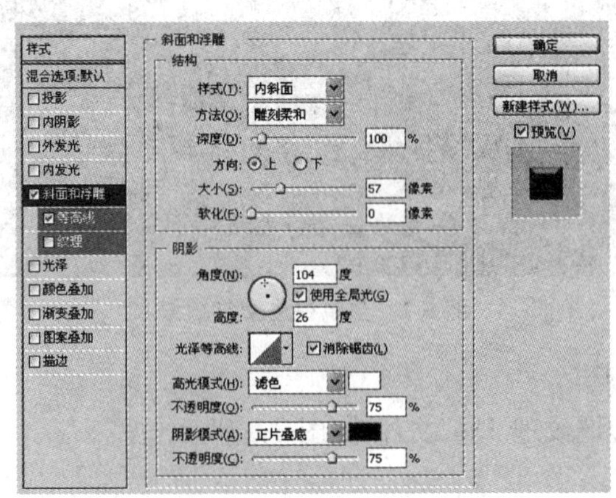

图 6-11 设置“斜面和浮雕”参数

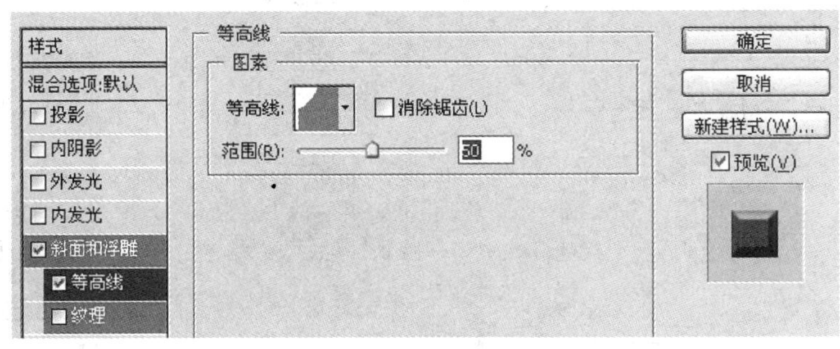

图 6-12　设置"等高线"参数

图 6-13　文字铁皮效果

(5) 制作文字表面的圆钉,创建"图层 1",选择椭圆选框工具,按住"Shift"键画出一个圆形选区,将背景色设置为深灰色(R:42,G:42,B:42),按"Ctrl+Delete"键将选区填充背景色。

(6) 双击"图层 1",弹出"图层样式"对话框,勾选"斜面和浮雕"以及"等高线"选项,分别进行如图 6-14 和图 6-15 所示的设置,制作圆钉立体效果,如图 6-16 所示。

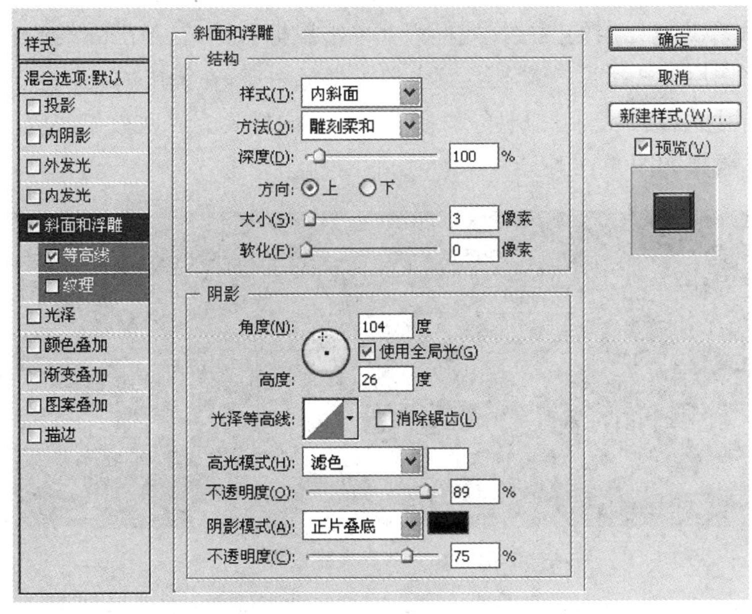

图 6-14　设置"斜面和浮雕"参数

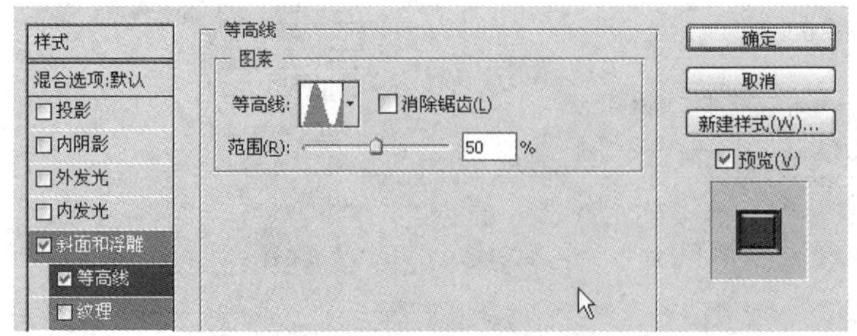

图 6-15　设置“等高线”参数

图 6-16　圆钉立体效果

(7) 选择“图层 1”,选择工具箱中的移动工具,按住“Alt”键移动复制图层得到“图层 1 副本”,用同样的方法多次复制“图层 1”,并将它们整齐排列于字母笔画上,选择所有圆钉图层,将其合并为“图层 1”,效果如图 6-17 所示。

图 6-17　整体圆钉效果

(8) 在背景层上新建“图层 2”,选择矩形选框工具,画一条长方形选区,用前景色(深褐色)填充,在“MARRY”图层的图层样式标识上单击鼠标右键,在弹出的菜单中选取“拷贝图层样式”命令将图层样式拷贝,在“图层 2”上单击鼠标右键,在弹出的菜单中选取“粘贴图层样式”命令进行粘贴,从而复制图层样式,使“图层 2”同样具有浮雕效果,复制“图层 2”并移到合适的位置,效果如图 6-18 所示。

图 6-18　铁皮文字效果

(9) 双击“MARRY”图层打开“图层样式”对话框,勾选“投影”选项,进行如图 6-19 所示

参数设置，得到文字投影效果，使文字更具有立体感。

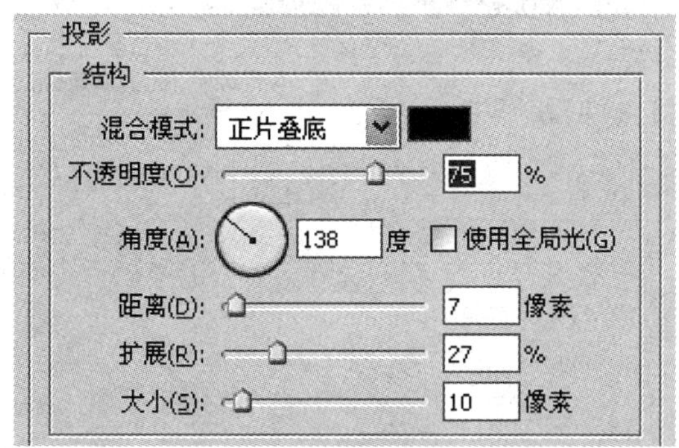

图 6-19　设置“投影”参数

(10) 在“图层样式”对话框中勾选“外发光”选项，将发光颜色设置为青色(R:150,G:255,B:255)，并进行如图 6-20 所示参数设置。

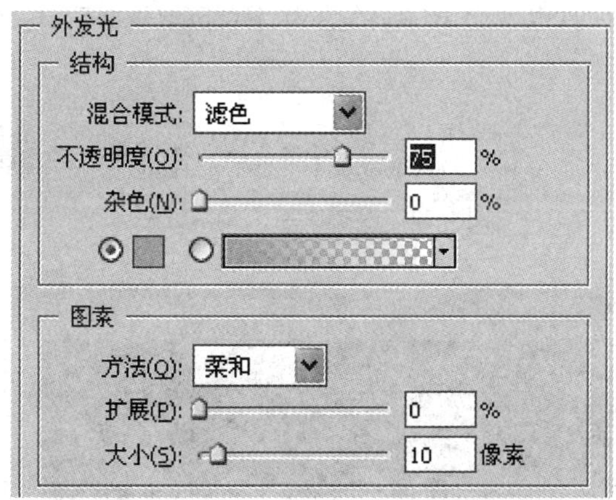

图 6-20　设置“外发光”参数

(11) 金属铁皮文字制作完成，最后效果如图 6-7 所示。

任务三　发光文字信息的处理

主要操作步骤及技巧：

(1) 按“Ctrl+N”键创建新文件，设定新文件名称为“发光文字特效”，宽度为 400 像素，高度为 200 像素，分辨率为 72 像素/英寸，颜色模式为 RGB 颜色，背景色为白色。

(2) 按“D”键(在英文输入状态下)，将“前景色/背景色”设置为默认色。

(3) 单击 编辑(E) 填充(L)... 命令，弹出“填充”对话框，具体设置如图 6-21 所示，单击 确定 按钮即可将背景填充为黑色。(或者直接按“Alt+Delete”键)

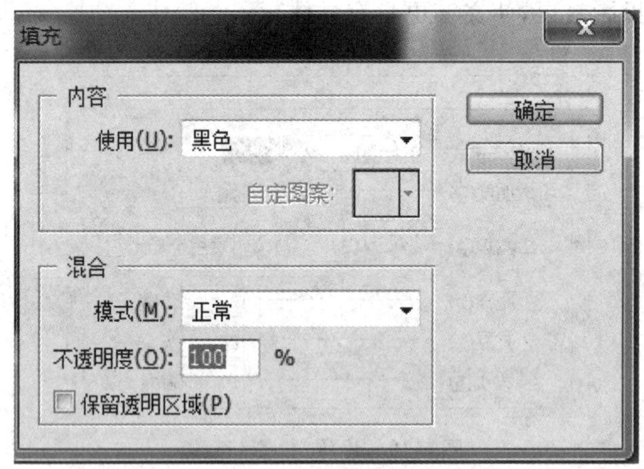

图 6-21　背景填充

(4) 选择工具箱中的 T 横排文字工具 。T 横排文字工具 属性选项栏的设置如图 6-22 所示。(注意文字一定要是白色的,也就是 RGB 的值为:R:255,G:255,B: 255,否则发光字体就做不出。)

图 6-22　横排文字工具属性栏

图 6-23　横排文字效果

(5) 在画面中输入"漂流"文字,单击 T 横排文字工具 工具属性选项栏的 ✓ 按钮,即可得到如图 6-23 所示的文字效果。

(6) 在"文字图层"上单击鼠标右键,在快捷菜单中单击 栅格化文字 命令,即可得到"文字"图层转换为普通图层。将"文字"图层拖到面板底部的 (创建新图层)按钮,当 (创建新图层)按钮呈凹陷状态时松开鼠标,即可复制出一个副本图层。图层效果如图 6-24 所示。再单击 漂流 图层,使其成为当前可活动图层。"图层"面板如图 6-25 所示。

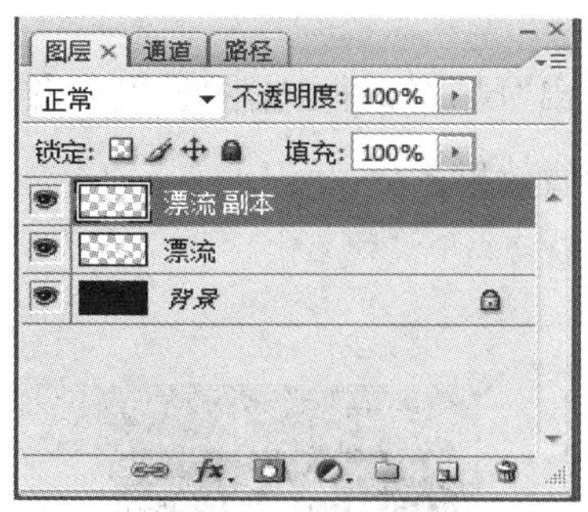

图 6-24　图层效果

图 6-25　选择图层

（7）滤镜(T) 扭曲 极坐标... 命令，弹出“极坐标”对话框，具体设置如图 6-26 所示，单击 确定 按钮，即可得到如图 6-27 所示的图像效果。

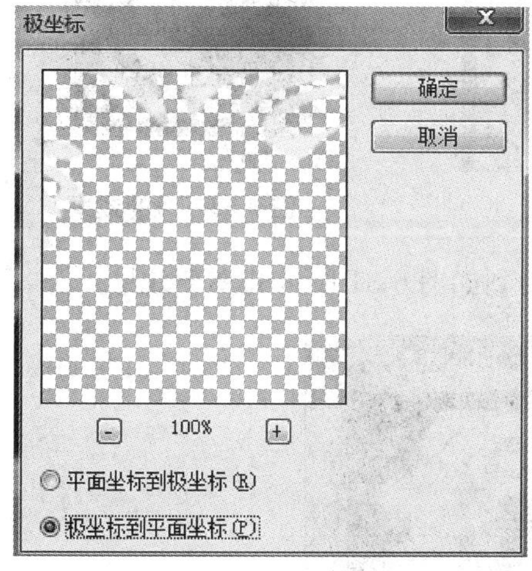

图 6-26　设置极坐标

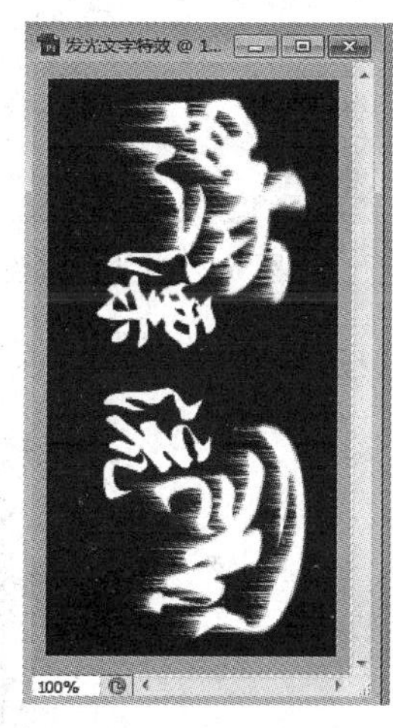

图 6-27　极坐标效果

（8）单击 图像(I) → 旋转画布(E) → 90度(顺时针)(9) 命令，将其画布顺时针旋转 90°，图像效果如图 6-28 所示。

图 6-28　顺时针旋转效果

(9) 单击 滤镜(T) → 风格化 → 风... 命令,弹出"风"对话框,据图设置如图 6-29 所示,单击 确定 按钮,即可得到如图 6-30 所示的图像效果。

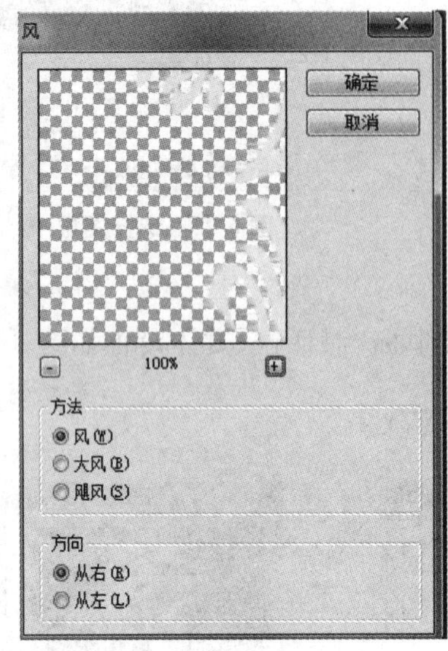

图 6-29 "风"对话框设置

图 6-30 风的效果

(10) 连续按"Ctrl+F"键 3 次,即可得到如图 6-31 所示的文字效果。

图 6-31 多次风后效果

(11) 单击 图像(I) → 旋转画布(E) → 90度(逆时针)(O) 命令，将其画布逆时针旋转 90°，图像效果如图 6-32 所示。

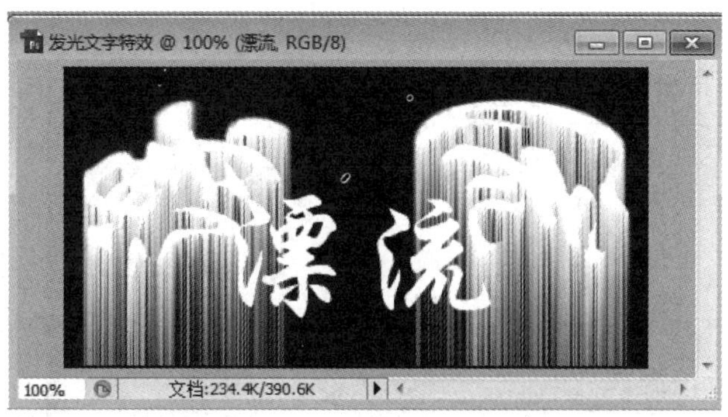

图 6-32　逆时针旋转图像效果

(12) 单击 滤镜(T) 命令，弹出“极坐标”对话框，具体设置如图 6-33 所示，单击 确定 按钮，即可得到如图 6-34 所示的图像效果。

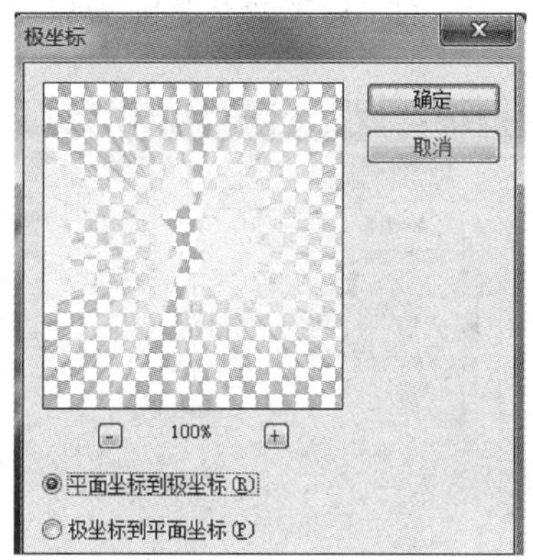

图 6-33　再次设置极坐标

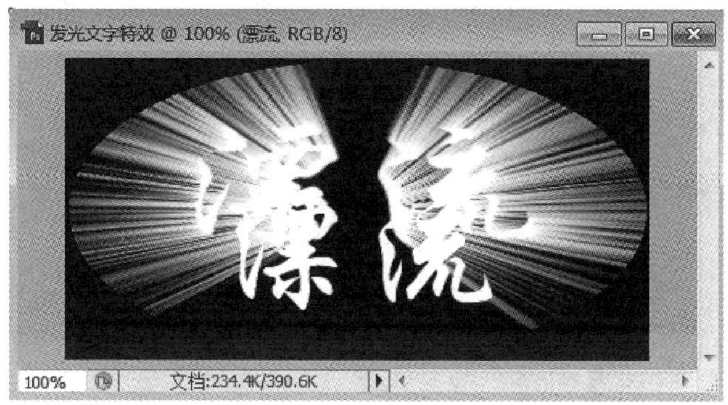

图 6-34　极坐标后效果

（13）双击 漂流 图层，弹出“图层样式”对话框。在对话框中设置“颜色叠加”、“渐变叠加”、“图片叠加”选项栏分别如图 6-35 至图 6-37 所示，单击 确定 按钮，即可得到如图 6-38所示效果。

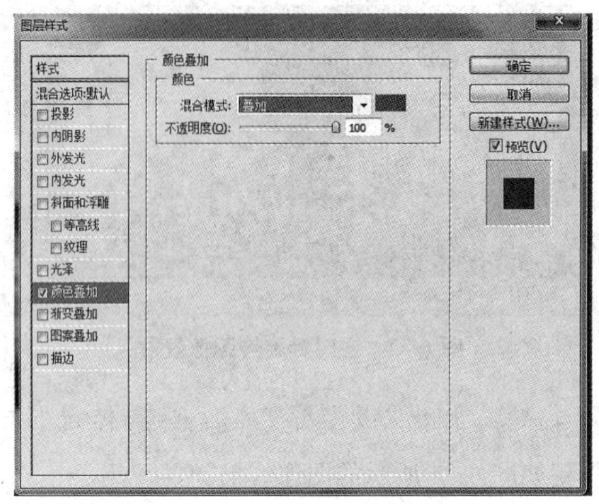

图 6-35　设置“颜色叠加”参数

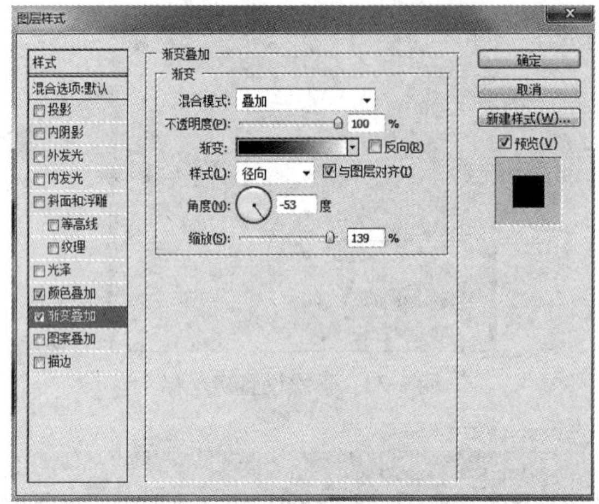

图 6-36　设置“渐变叠加”参数

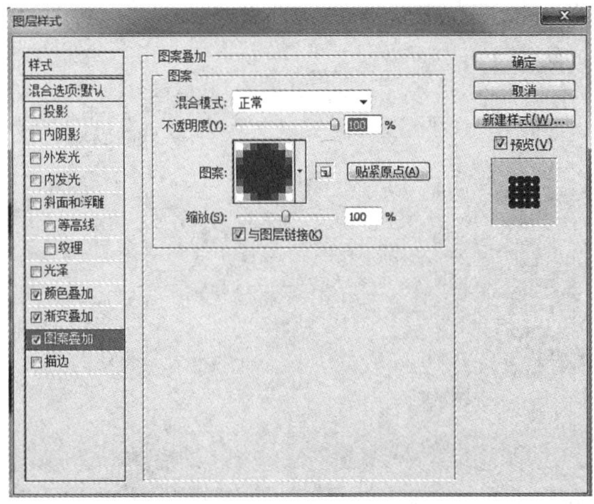

图 6-37　设置“图案叠加”参数

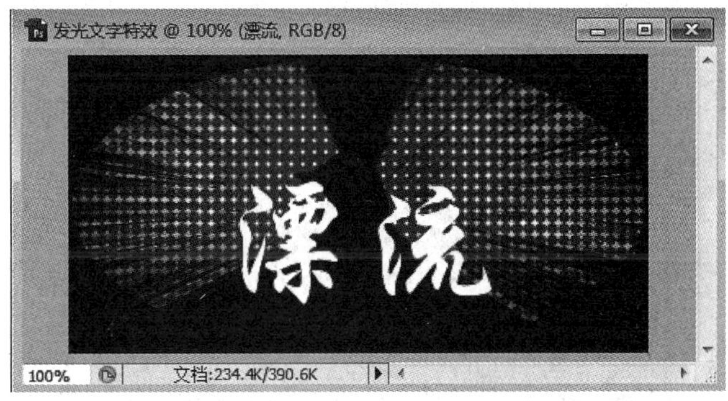

图 6-38　图层式样后效果

(14) 双击 漂流 副本 图层,弹出“图层样式”对话框。在对话框中设置“斜面和浮雕”、“颜色叠加”、“渐变叠加”、“图案叠加”选项栏分别如图 6-39 至图 6-42 所示,单击 确定 按钮,即可得到如图 6-43 所示的效果。

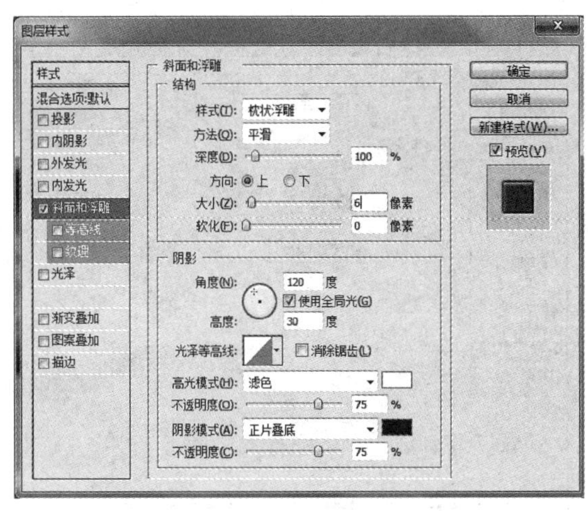

图 6-39　设置“斜面和浮雕”参数

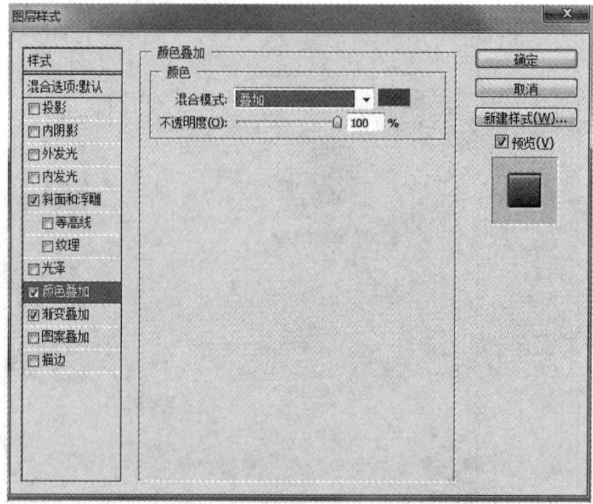

图 6-40　设置“颜色叠加”参数

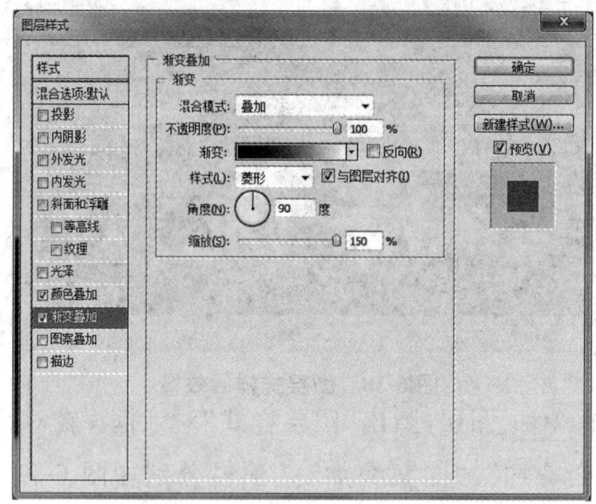

图 6-41　设置“渐变叠加”参数

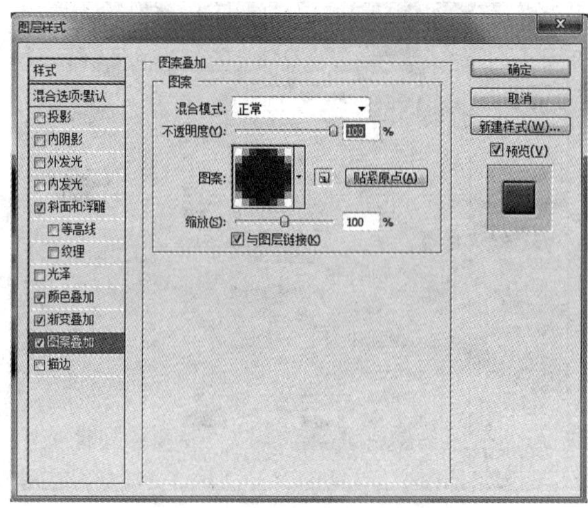

图 6-42　设置“图案叠加”参数

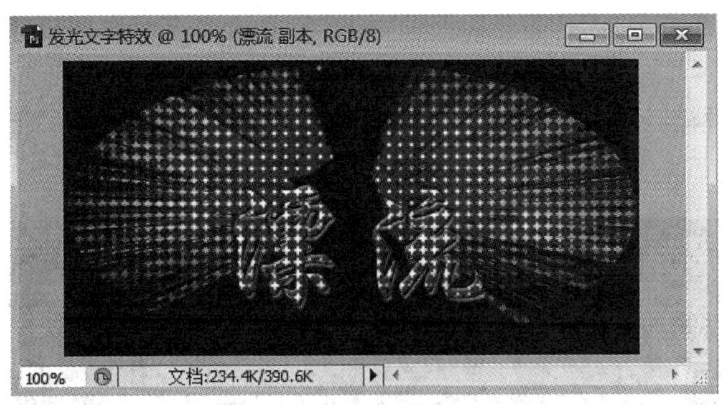

图 6-43　设置"图层样式"后效果

项目小结

通过本项目主要学习了文字工具中的创建文字图层、创建段落文字与设置相关的文字格式;图层中图层的创建、复制、删除、排序、对齐、链接和合并等操作;图层样式的显现设置与自定义图层样式的设置;滤镜的使用方法与常用滤镜的设置。

基本练习

1. 请运用"定义图案"、"图案填充"、"图层样式"等相关知识设计制作如图 6-44 所示插针文字特效。

图 6-44　插针文字特效

2. 请运用"描边路径"、"图层样式"等相关知识设计制作如图 6-45 所示描边文字特效。

图 6-45　描边文字特效

拓展训练

请运用“动感模糊”滤镜、“照亮边缘”滤镜和“色相/饱和度”命令，“文字”图层与普通图层之间的相互转换等相关知识制作如图 6-46 所示玻璃文字特效。

图 6-46　玻璃文字特效

项目七　网页导航按钮的制作

项目概要

现有物流公司、电脑公司、幼儿园要求进行网页效果图的设计，要求设计出符合各自网站风格的导航。

1. 速达物流公司需要为其网站首页设计一个导航。

2. Surface 官方购物商城要求设计一个购物导航按钮。

3. 拔萃幼儿园需要为其网站首页设计一个导航。

项目分析

在网页设计中，经常用到导航按钮进行超链接，由于导航按钮的形式多样，因此只要合理应用，就会极大地美化网页。在 Photoshop 中进行网页导航的设计，主要运用到形状工具、图层样式、蒙版等技术。

1. 速达物流公司为一个企业，其主页的风格主要体现企业的专业性和严谨性，因此其导航的设计采用比较严谨规整的设计，利用圆角矩形工具和直线工具制作较为常见的横向导航按钮。

2. Surface 官方购物商城，为一品牌电脑的网络销售平台。购物导航按钮的设计是网站中的一个亮点，既需要美观、吸引用户的目光，又能让用户一目了然，知道该按钮的作用。因此在购物导航按钮的设计上主要利用椭圆工具、圆角矩形工具，配合图层样式和蒙版，制作一款水晶效果的购物车按钮。

3. 拔萃幼儿园的主页是一个轻松活泼、充满童趣的网页风格，为了配合该网页的风格，我们利用自定义形状工具，将网页的导航设计为云朵形状，在位置上稍有高低落差，配合蓝色的背景色，好似蓝天上飘浮的朵朵白云，使得整个页面像一幅儿童画，充满童趣。

模块一　项目知识

一、渐变工具

“渐变工具”可以创制出各种各样的渐变效果。所谓渐变，就是具有两种或两种以上过渡颜色的混合色。用户可以选择 Photoshop CS6 中预设的渐变颜色，也可以自定义渐变色。

单击工具箱中的“渐变工具”按钮，设置好渐变参数后，在文档中拖拽鼠标即可。可以利用拖拉线段的长度和方向来控制渐变效果。如果按住“Shift”键拖动鼠标,可以创建水平、垂直和45°角倍数的渐变。“渐变工具”的选项栏如图7-1所示。

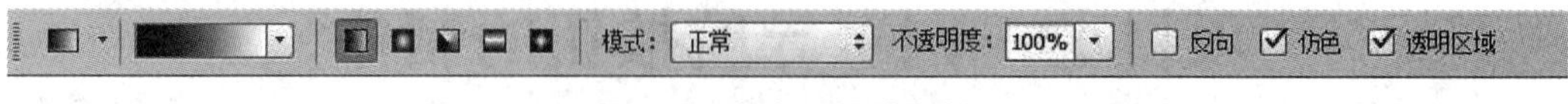

图 7-1 渐变工具选项栏

◇(渐变颜色条):用于显示当前的渐变颜色。单击它右侧的按钮,可以打开如图7-2所示的调板,在调板中可以选择Photoshop预设好的渐变。如果直接单击该渐变颜色条,则可以打开“渐变编辑器”对话框,如图7-3所示。

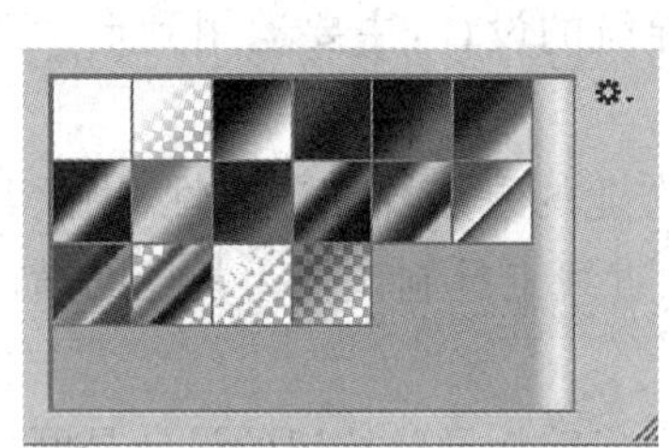

图 7-2 预设渐变

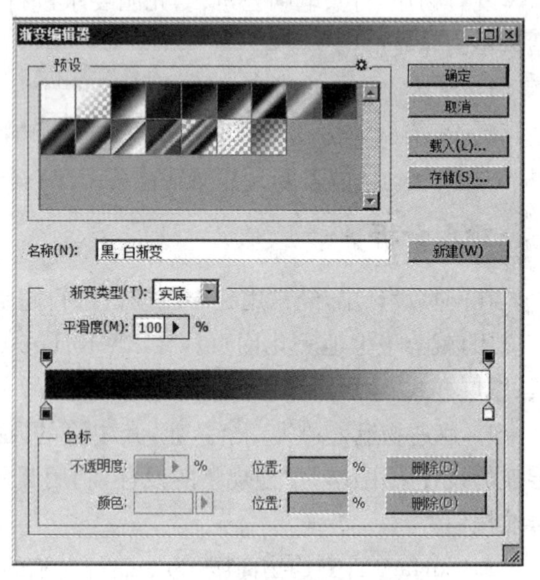

图 7-3 “渐变编辑器”对话框

在“渐变编辑器”对话框中,如果想改变某个颜色色标的颜色,则单击该色标,色标上方的三角形自动变黑,表示该色标处于选择状态。这时对话框下方的 颜色: 按钮变为可选,单击则可在弹出的“拾色器”对话框中设置该色标的颜色,如图7-4所示。

鼠标单击渐变轴下方的适当位置,即可自动生成一个色标,如图7-5所示。如果想改变色标的位置,则在“位置”选项的数值框中输入数值或者用鼠标直接拖拽颜色色标,范围是“0%~100%”。单击色标后,两个渐变色标之间会出现菱形图标◇,菱形图标可以控制两个颜色间过渡的急缓程度,菱形图标越靠近某个颜色,则渐变越急促,反之则越缓和。

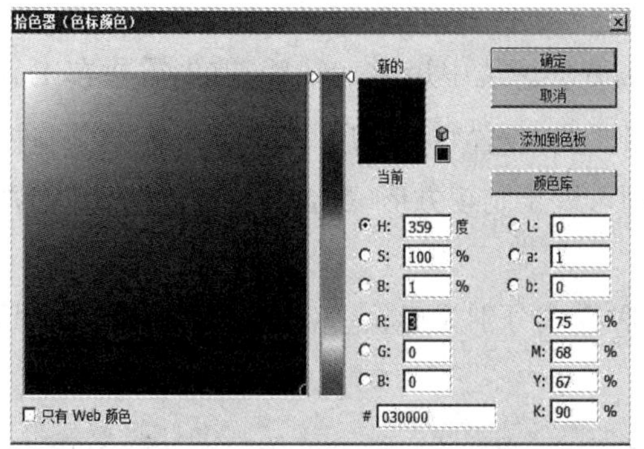

图 7-4　“拾色器”对话框

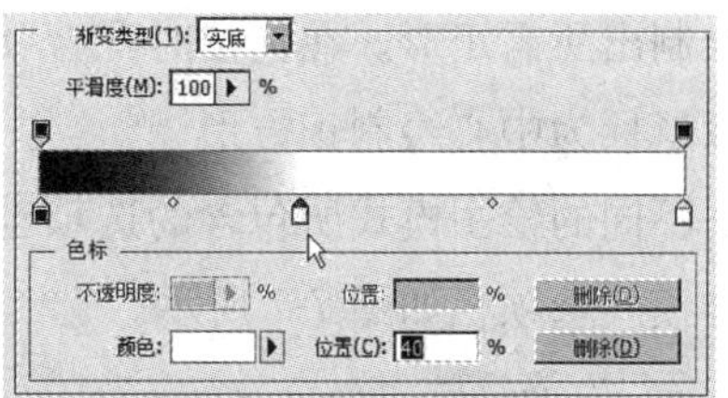

图 7-5　添加颜色色标

鼠标单击渐变轴上方的不透明度色标，则可以调整“不透明度”选项的数值，使颜色过渡显示透明的效果，如图 7-6 所示。如果想删除色标，则选中色标，单击下方的“删除”按钮，或者用鼠标左键按住色标向上或向下拖动即可删除色标。

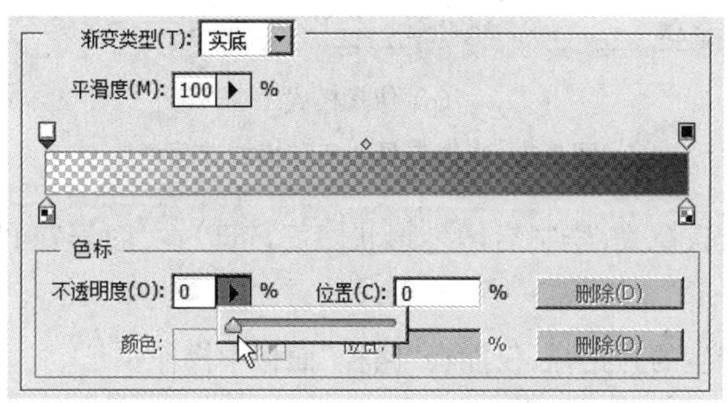

图 7-6　设置不透明色标

在“渐变类型”下拉列表中选择“杂色”选项，可以使得渐变随机分布指定的颜色范围内的所有颜色，相比实色渐变颜色更加丰富。“平滑度”则用来控制渐变中的两个色带之间的转换方式，值越小，颜色的过渡越平滑。

◆ （渐变类型）：用于选择各种类型的渐变。从左到右分别为线性渐变、径向渐变、角度渐变、对称渐变、菱形渐变。

◆模式：用于设置应用渐变时的混合模式，与“画笔”选项栏中混合模式的作用相同。

◆不透明度：用于设置渐变效果的不透明度。

◆反向：勾选此项，则可以反转渐变中的颜色顺序。

◆仿色：勾选此项，可以使渐变更平滑，该项默认为勾选。

◆透明区域：勾选此项，不透明度的渐变设定才会生效，该项默认为勾选。

二、形状工具

为了方便用户绘制各种形状的图形，Photoshop CS6 提供了一些基本的形状工具，主要包括矩形工具、圆角矩形工具、椭圆工具、多边形工具、直线工具和自定义形状工具。

1. 矩形工具

矩形工具可以方便地绘制出矩形或正方形。选中矩形工具后，首先需要在工具选项栏中的“选择工具模式”列表中选择一种绘图模式，设置好参数后，单击鼠标左键并拖拽即可绘制出所需矩形。在拖拽时配合“Shift”键则可以绘制正方形，配合“Shift”和“Alt”键则可以以鼠标为中心绘制正方形。

不同的绘图模式所包含的选项也不同，三种模式分别为形状、路径和像素。矩形工具的三种模式选项栏如图 7-7 所示。

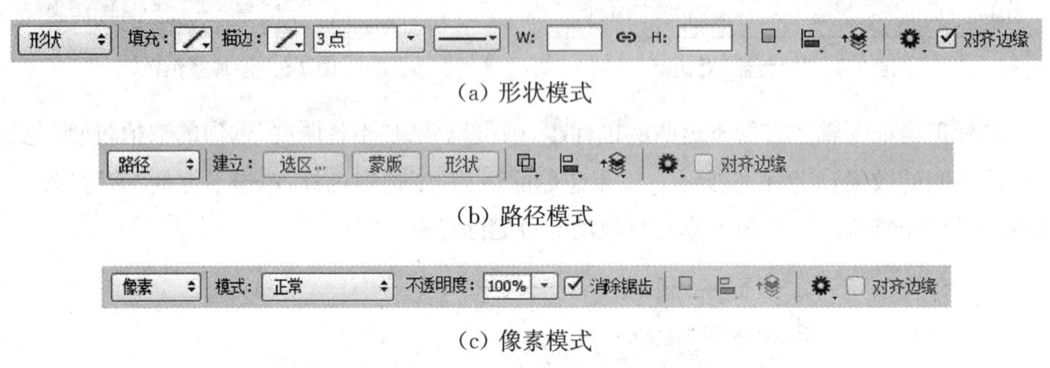

(a) 形状模式

(b) 路径模式

(c) 像素模式

图 7-7　矩形工具的三种模式选项栏

形状模式：系统默认模式，绘制后产生形状图层，可以在“图层”和“路径”面板中同时进行操作。

路径模式：绘制产生的为路径，仅能在“路径”面板中操作。

像素模式：绘制产生普通的像素填充图层，仅能在“图层”面板中操作。

这里我们主要介绍默认的形状模式，路径模式和像素模式的操作与路径以及普通图层的操作类似，形状模式的选项栏参数从左到右分别表示：

- 填充: （填充）：设置形状的填充类型，可以有无、颜色、渐变、图案填充等。
- 描边: （描边）：设置形状的描边类型，可以有无、颜色、渐变、图案填充等。
- 8.23点 （描边宽度）：设置形状的描边宽度。
- （描边类型）：设置形状的描边类型。
- W: 6像素 H: 7像素 （形状的大小）：设置形状的宽度和高度
- （路径操作）：对路径、路径的对齐和路径的排列方式操作。
- （形状参数）：设置形状绘制参数，不同的形状参数不同。
- 对齐边缘：将矢量形状边缘与像素网格对齐。

这里我们介绍矩形工具的形状参数，单击会出现如图 7-8 所示的矩形选项参数栏，下面一一进行介绍。

不受约束
方形
固定大小 W: H:
比例 W: H:
从中心

图 7-8　矩形选项参数栏

◆不受约束：绘制的矩形的形状由光标的拖拽决定。

◆方形：绘制正方形，作用和按住"Shift"键绘制一样。

◆固定大小：绘制固定大小的矩形，可以在 W 和 H 后面的数值框输入宽度和高度，默认单位为像素。

◆比例：绘制长宽具有一定比例的矩形。可以在 W 和 H 后面的数值框输入宽度和高度的整数比例。

◆从中心：勾选此项后，拖拽矩形时光标的起点为矩形的中心。

2. 圆角矩形工具

圆角矩形工具可以绘制边角圆滑的矩形。圆角矩形工具的使用方法与矩形工具相同，在选项栏上设置好参数在画布上拖拽即可绘制。圆角矩形的选项栏如图 7-9 所示，可见其参数与矩形工具栏相同，只是多了半径一项参数。

图 7-9　圆角矩形工具选项栏

◆半径：控制圆角矩形的边角的圆滑程度，数值越大边角越圆滑，数值为 0px 时为矩形。

3. 椭圆工具

椭圆工具用于绘制椭圆，按住"Shift"键可以绘制出正圆。同时按住"Shift"和"Alt"键则可以以鼠标为中心绘制正圆。椭圆工具的选项栏如图 7-10 所示，用法与前相同，这里就不再介绍了。

图 7-10　椭圆工具选项栏

4. 多边形工具

多边形工具用于绘制正多边形，绘制光标的起点为多变形的中心，终点为多边形的一个顶点。多边形工具的选项栏如图 7-11 所示，其参数和矩形工具一样，多了"边"这一参数。单击会出现如图 7-12 所示的多边形选项参数栏，下面一一进行介绍。

图 7-11　多边形工具选项栏

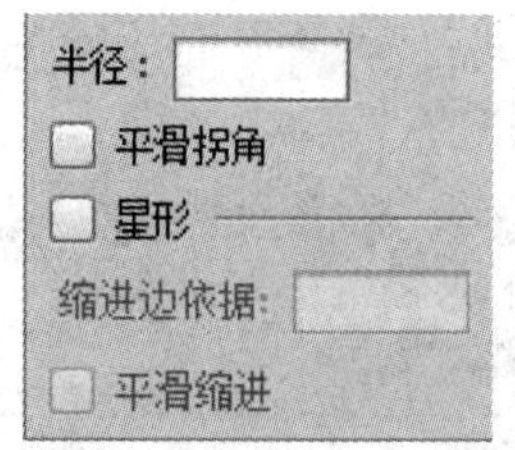

图 7-12　多边形选项参数栏

◇边：设置所需绘制的多边形的边数。

◇半径：多边形的半径长度，单位为 px。

◇平滑拐角：勾选此项使多边形具有平滑的顶角。

◇星形：勾选此项使多边形的边向中心缩进，呈星形。

◇缩进边依据：勾选星形时有效，设定边缩进的程度。

◇平滑缩进：勾选星形时有效，使多边形的边平滑地向中心缩进。

5. 直线工具

直线工具 用于绘制直线或有箭头的线段。按住“Shift”键可以绘制水平、垂直和 45°角倍数的直线。直线工具的选项栏如图 7-13 所示，和矩形工具一样，只是多了一个粗细参数，单击 会出现如图 7-14 所示的直线工具选项参数栏，下面一一进行介绍。

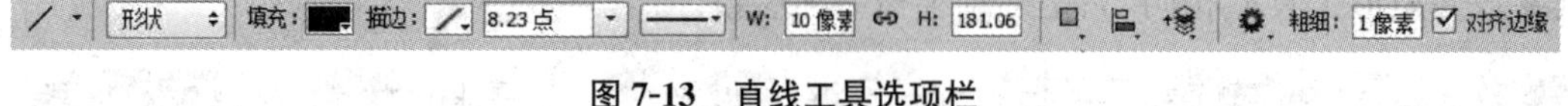

图 7-13　直线工具选项栏

箭头
起点　终点
宽度：500%
长度：1000%
凹度：0%

图7-14　直线工具选项参数栏

◇粗细：设置直线的宽度，单位为 px。

◇起点、终点：可以选择其中一项或者两项都选，选择一项则直线的一端（起点或终点）会出现箭头。如果两项都选，则起点和终点都有箭头。

◇宽度：箭头宽度和线段宽度的比值，数值越大箭头越大，可输入 10%～1000%之间的数值。

◇长度：箭头长度和线段宽度的比值，数值越大箭头越大，可输入 10%～5000%之间的数值。

◇凹度：将箭头的凹度设置为线段长度的比值，可输入－50%～50%之间的数值。

6. 自定义形状工具

自定义形状工具可以绘制不规则的图形或是自己定义的图形。自定义形状工具的选项栏如图 7-15 所示，和矩形工具类似。单击右侧的黑色三角型按钮，会弹出“形状”下拉列表框，这里自带了 Photoshop CS6 中的所有形状图形，用户可以在其中选择需要的形状样式，如图 7-16 所示。单击右侧的按钮，在其中可以执行“复位形状”、“载入形状”、“存储形状”、“替换形状”等命令。也可以添加不同的形状组到形状面板中。

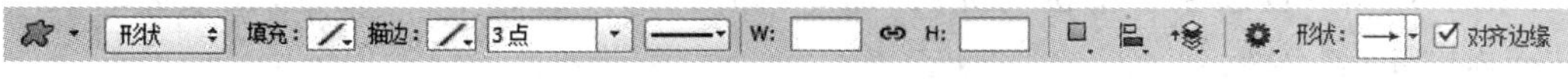

图 7-15　自定义形状工具选项栏

图 7-16　Photoshop CS6 自带形状

除了使用 Photoshop CS6 自带的形状，用户还可以自定义形状。具体步骤如下：

(1) 使用“路径工具”绘制一个预备自定义的路径，如图 7-17 所示。

(2) 执行“编辑→自定义形状”命令，弹出“形状名称”对话框，在其中输入形状的名称后，单击“确定”按钮，如图 7-18 所示。

(3) 单击右侧的黑色三角形按钮，在“形状”下拉列表框的最后，可以看到自定义的形状，如图 7-19 所示。

图 7-17　绘制形状

图 7-18　保存自定义形状

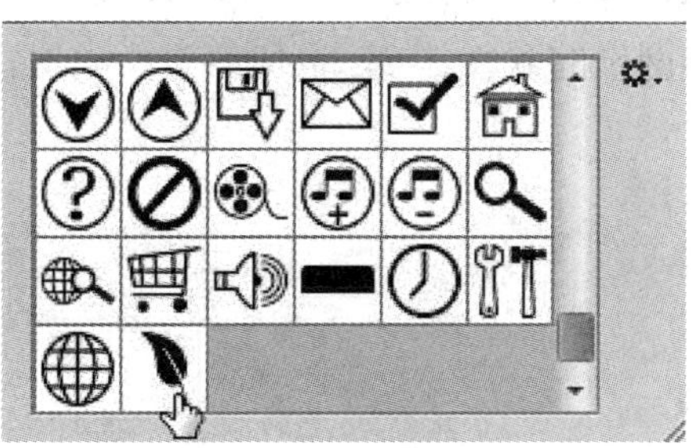

图 7-19　自定义形状

三、辅助工具

Photoshop 提供了一些辅助设计工具，利用这些工具我们可以实现精确绘图。

1. 标尺

在菜单中执行“视图→标尺”命令，可显示或隐藏标尺。也可按“Ctrl＋R”组合键来显示或隐藏标尺。默认情况下，标尺出现在当前图像的顶部和左部。在标尺上双击或者单击菜单栏中的“编辑→首选项→单位与标尺”命令，即可打开“首选项”对话框，设置标尺的“单位”、“列尺寸”等参数。

2. 参考线

除了标尺以外，还可以通过参考线来精确定位。参考线是不会被打印的直线，可以被移动、删除或锁定。

创建参考线的方法有如下两种：

◆在标尺栏上按住鼠标左键拖动即可创建参考线。

◆通过执行“视图→新建参考线”命令打开“新建参考线”对话框，如图 7-20 所示。在对话框中选择水平或垂直，设置位置即可创建确定位置的参考线。

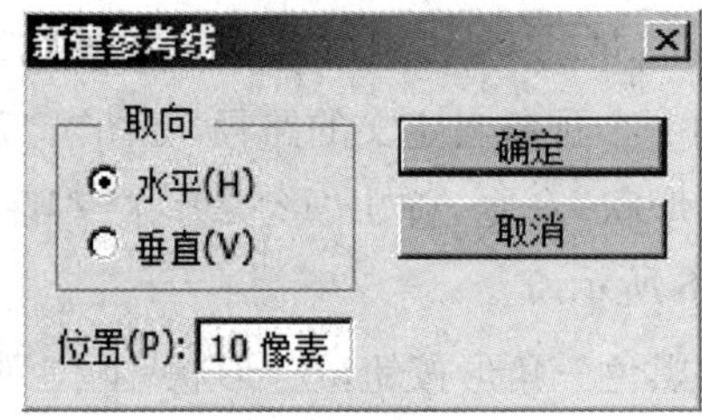

图 7-20　新建参考线

如果要删除一条或几条参考线，可在工具箱中点选移动工具，然后拖拽要删除的参考线到图像窗口之外，即可将其删除。如果要删除所有的参考线，可执行“视图→清除参考线”命令。执行“视图→锁定参考线”则可以锁定参考线。

3. 网格

网格在默认情况下显示为满画布重叠非打印的交叉方块。执行“视图→显示→网格”命令可显示网格。在菜单中执行“编辑→首选项→参考线、网格和切片”命令，即可打开“首选项”对话框，对当前参考线和网格的颜色、样式、间隔等进行设置。

模块二　项目任务

任务一　物流公司网站首页的导航设计

任务描述：利用圆角矩形工具和直线工具制作导航按钮，效果如图 7-21 所示。通过该任务的制作，熟悉圆角矩形工具和直线工具的使用方法。

图 7-21　物流公司网页导航效果图

主要操作步骤及技巧：

(1) 打开文件“物流公司.jpg”素材文件。

(2) 按住“Ctrl＋R”快捷键显示标尺，并拉出如图 7-22 所示的参考线，规划出导航按钮的位置。

图 7-22　拉出参考线

(3) 在工具箱中选择圆角矩形工具，采用默认的形状模式，半径为 10px，长度为 930px，高度为 35px，填充方式为渐变填充，渐变颜色为＃000000—＃273eaa—＃909bd6，如图 7-23 所示。按住鼠标左键不放在参考线的位置拖出一个圆角矩形，如图 7-24 所示。

(4) 单击工具箱中的直线工具，在选项栏中将填充色设置为白色，在圆角矩形上绘制直线，如图 7-25 所示。

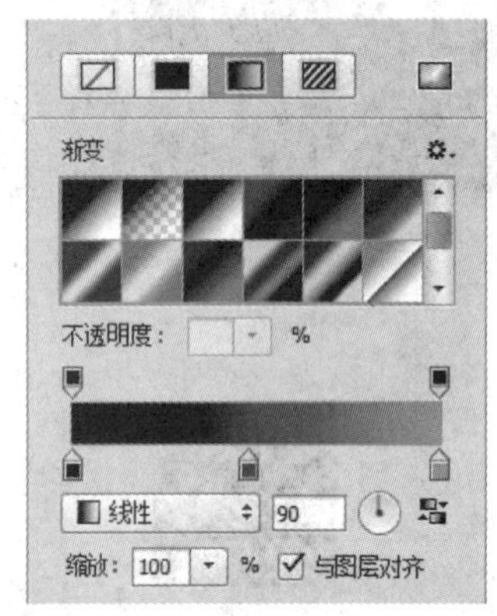

图 7-23　设置"渐变"参数

图 7-24　绘制圆角矩形

(5) 选择工具箱中的横排文字工具，在选项栏中设置文本的大小和颜色，在圆角矩形上输入相应的导航文本，如图 7-26 所示。

图 7-25　绘制直线

图 7-26　输入导航文本

任务二　Surface 网上商城购物导航按钮设计

任务描述：利用椭圆工具、圆角矩形工具配合图层样式、蒙版等方法制作水晶质感的购物按钮，效果如图 7-27 所示。通过该任务的制作，熟悉形状工具的参数设置，以及配合图层样式和蒙版制作水晶效果的导航按钮。

图 7-27　网上商城购物效果图

主要操作步骤及技巧：

(1) 新建文档 800×600 像素，背景白色，新建图层，拉出参考线，用椭圆工具画一个正圆，用圆角矩形工具画一个圆角矩形，半径设置为 35px，颜色为黑色。如图 7-28 所示。

图 7-28　绘制出按钮形状

(2) 在图层面板中将绘制出的正圆和圆角矩形两个形状图层选中，单击右键选择合并路径命令，将两个形状图层合并为一个图层。双击该图层名称后的空白区域，弹出图层样式面板。在该面板中设置描边大小为 2px，颜色为 # c1c1c1，渐变叠加颜色为 # d9d9d9—# f7f7f7，如图 7-29 和图 7-30 所示，效果如图 7-31 所示。

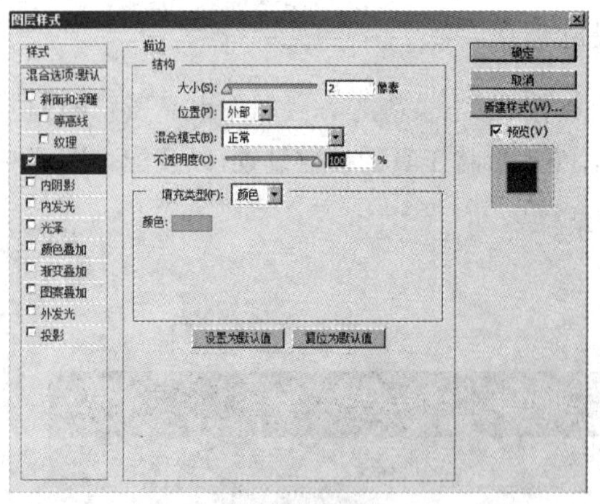

图 7-29　设置“描边”参数

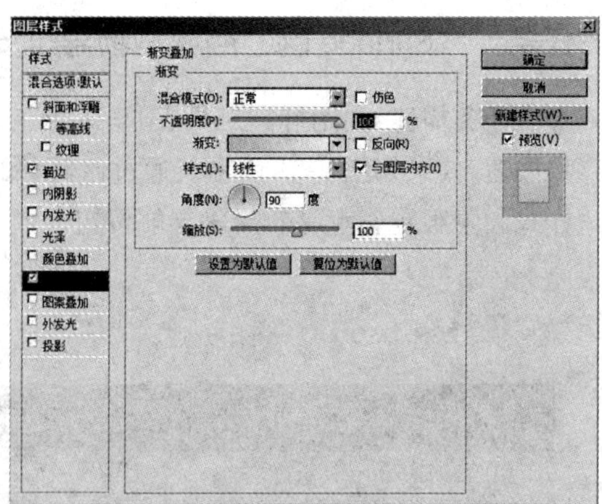

图 7-30　设置“渐变叠加”参数

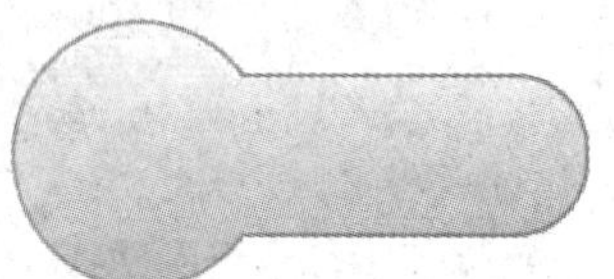

图 7-31　设置后的效果

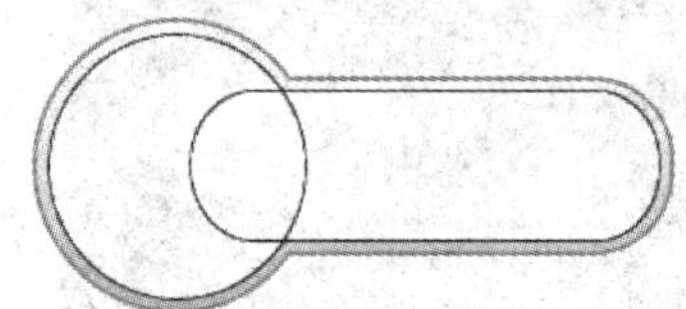

图 7-32　绘制图形

(3) 新建图层,画出如图 7-32 所示图形,颜色为白色,添加蒙版,在蒙版上绘制黑白直线渐变,如图 7-33 所示,效果如图 7-34 所示。

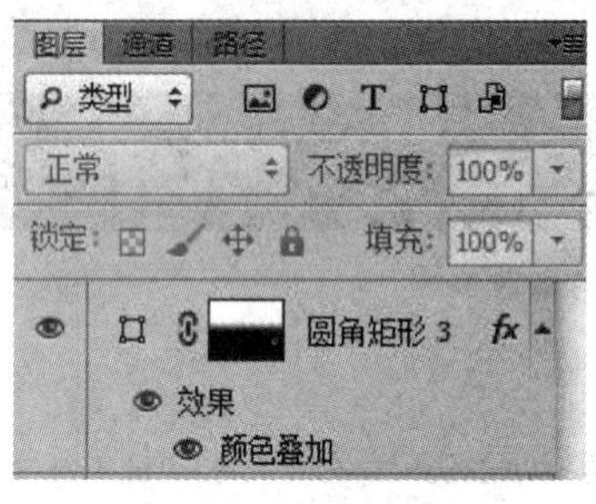

图 7-33　添加蒙版

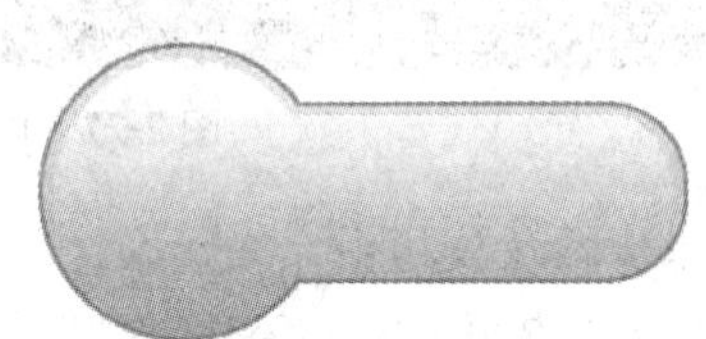

图 7-34　设置后的效果

(4) 新建图层,绘制一黑色圆角矩形,如图 7-35 所示,设置渐变叠加颜色为＃f94804－＃f58b48,设置后的效果如图 7-36 所示。

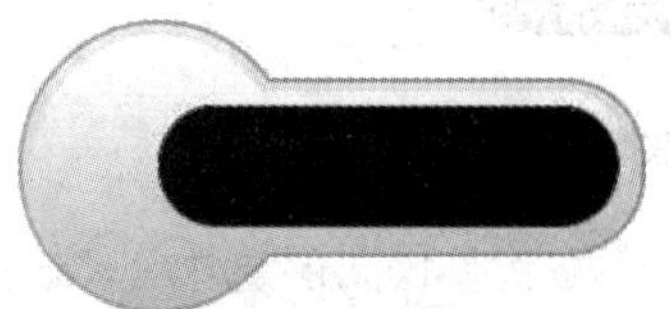

图 7-35　绘制圆角矩形

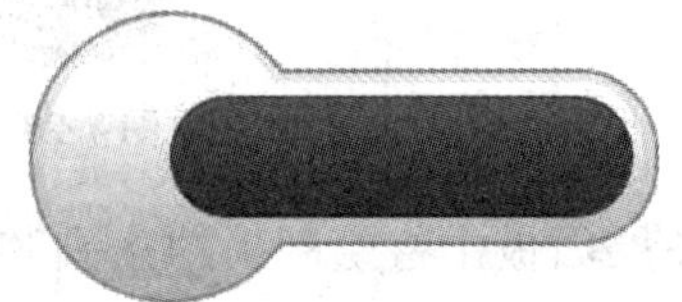

图 7-36　设置后的效果

(5) 新建图层,调出这个圆角矩形的选区,填充白色,如图 7-37 所示。用钢笔工具作如图 7-38 所示的路径,将路径转化为选区,再反选删除,如图 7-39 所示。添加蒙版,蒙版为黑

白直线渐变，图层模式为叠加，不透明度 30%，设置后效果如图 7-40 所示。

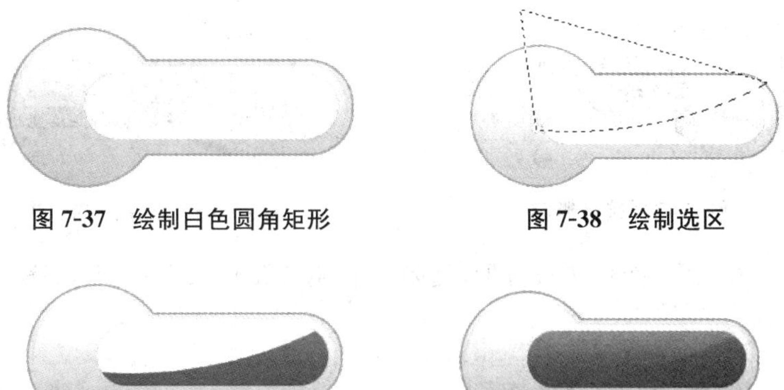

图 7-37　绘制白色圆角矩形　　图 7-38　绘制选区

图 7-39　反选删除效果　　图 7-40　设置后的效果

(6) 输入文字“立即购买”，给文字图层添加投影样式，如图 7-41 所示。

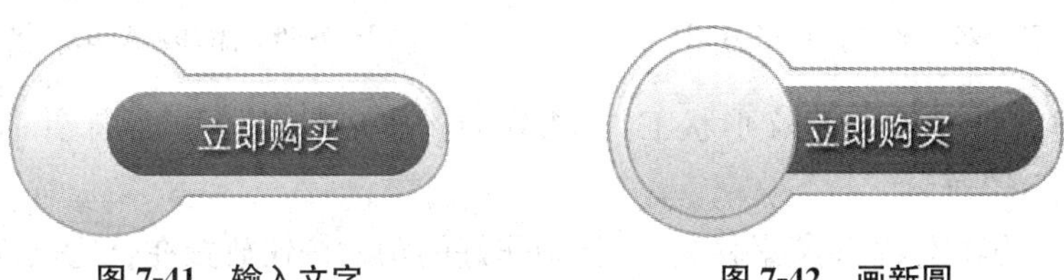

图 7-41　输入文字　　图 7-42　画新圆

(7) 新建图层，画一个小一些的正圆，添加的样式同第二步。效果如图 7-42 所示。

(8) 新建图层，画一个黑色正圆，如图 7-43 所示；设置图层样式，渐变叠加颜色为 #f94c08－#eb7708，投影样式，效果如图 7-44 所示。

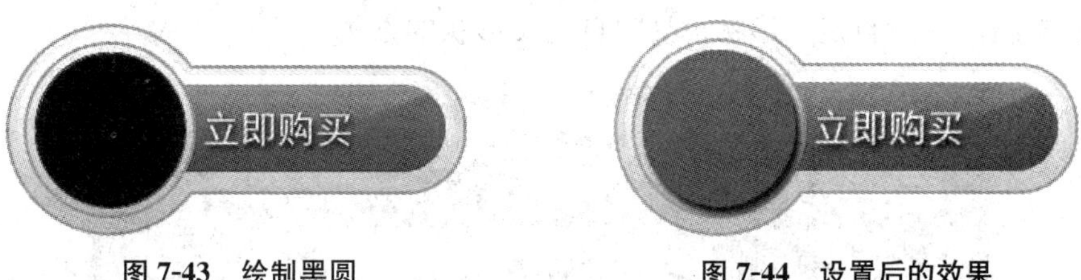

图 7-43　绘制黑圆　　图 7-44　设置后的效果

(9) 新建图层，用椭圆工具画一个正圆，然后用选区工具绘制如图 7-45 所示的选区，将选区向右上方向挪几个像素，删除选区内容，设置图层模式为叠加，效果如图 7-46 所示。

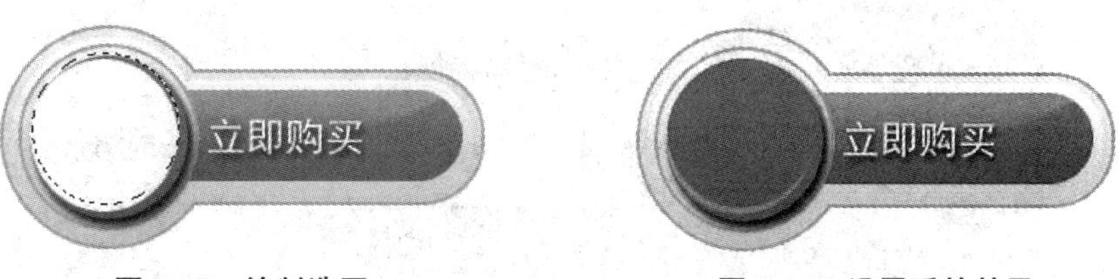

图 7-45　绘制选区　　图 7-46　设置后的效果

(10) 新建图层，画一白色椭圆如图 7-47 所示，添加蒙版，蒙版为黑白直线渐变，不透明度为 80%，效果如图 7-48 所示。

图 7-47　绘制椭圆

图 7-48　设置后的效果

(11) 新建图层，画一个白色长方形，复制 4 个，按“Ctrl＋T”键变形，高斯模糊 0.6 像素。效果如图 7-49 所示。

图 7-49　绘制白色长方形

图 7-50　添加购物车形状

(12) 新建图层，利用自定义形状工具，找到购物车形状，绘制购物车并添加投影效果。最终效果如图 7-50 所示。

(13) 打开“购物网站.jpg”素材文件，将制作好的购物按钮放置在合适位置，并调整好大小即可完成。

任务三　拔萃幼儿园网站首页的导航设计

任务描述：利用自定义形状工具自定义符合网站风格的形状，效果如图 7-51 所示。通过该任务的制作，熟悉自定义形状工具中自定义形状的方法。

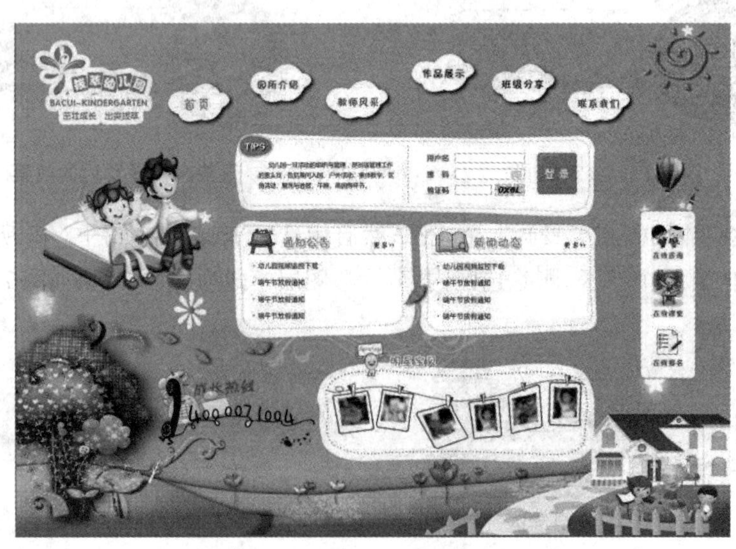

图 7-51　拔萃幼儿园首页导航效果图

主要操作步骤及技巧：

(1) 新建文档 500×500 像素，背景为白色，利用钢笔工具绘制出如图 7-52 所示的路径。

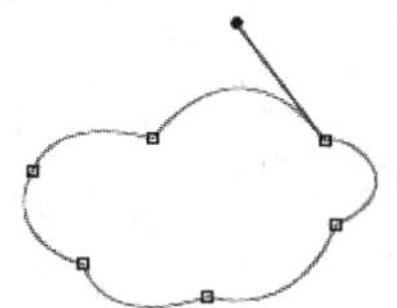

图 7-52　绘制云朵形状路径

(2) 选择绘制好的路径，执行“编辑→自定义形状”命令，弹出“形状名称”对话框，在其中输入形状的名称后，单击“确定”按钮，如图 7-53 所示。

图 7-53　自定义形状

(3) 打开“幼儿园.jpg”素材文件，选择自定义形状工具，在选项栏中的形状列表中选择最底部的云朵形状，如图 7-54 所示，设置填充色为白色，在素材文件中合适位置绘制出白色云朵，如图 7-55 所示。

图 7-54　选择自定义云朵形状

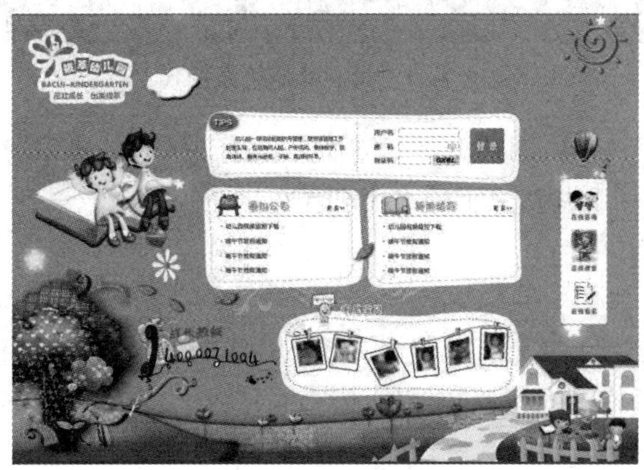

图 7-55　绘制云朵形状图层

(4) 给绘制出的云朵形状图层设置投影样式,如图 7-56 所示。

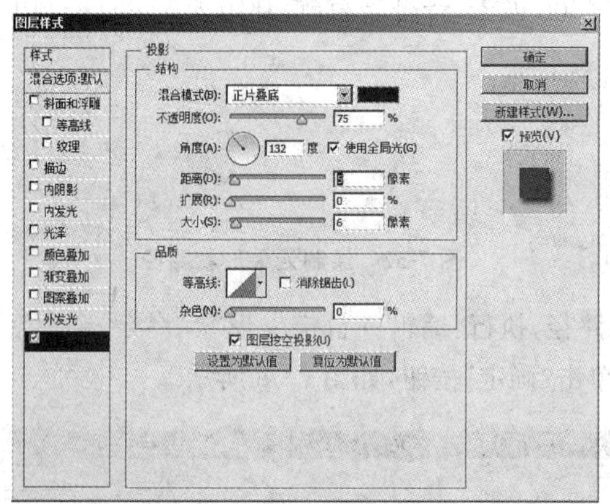

图 7-56　设置投影样式

(5) 以同样的方法绘制出其他导航,效果如图 7-57 所示。

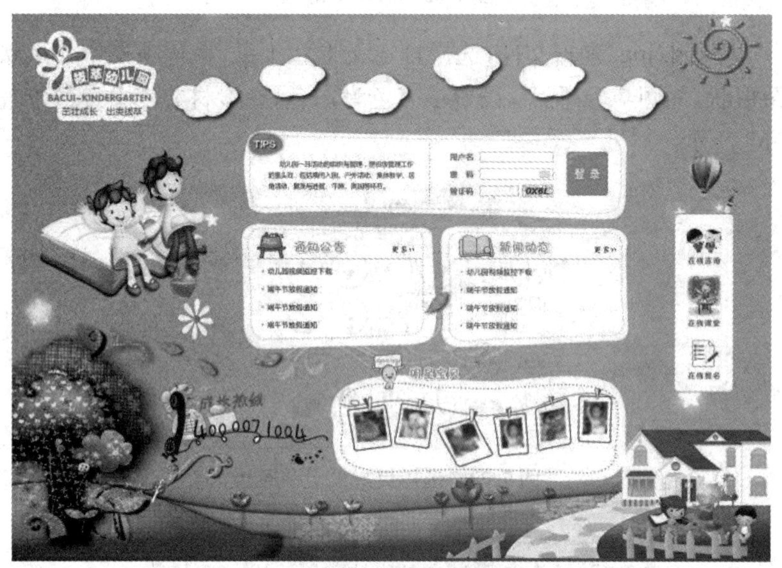

图 7-57　绘制其他云朵形状

(6) 输入导航文字:首页、园所介绍、教师风采、作品展示、班级分享、联系我们,设置字体为"方正卡通简体",然后调整文字的大小和颜色即可完成。

项目小结

通过本项目主要学习了"渐变工具"和"形状工具"的参数设置和使用;为精确定位辅助设计的标尺、参考线、网格等的设置和使用;学会了使用上述工具配合图层样式、蒙版等技术制作网页导航。

基本练习

1. 打开素材“设计公司.jpg”，请运用圆角矩形工具制作如图 7-58 所示的导航效果。

图 7-58　设计公司首页导航效果图

2. 请运用圆角矩形、图层样式、蒙版、滤镜等工具制作如图 7-59 所示的网页下载按钮。

图 7-59　下载按钮效果图

拓展训练

打开素材“设计在线.jpg”文件，请运用圆角矩形工具、路径工具、自定义形状工具等制作如图 7-60 所示的导航效果。

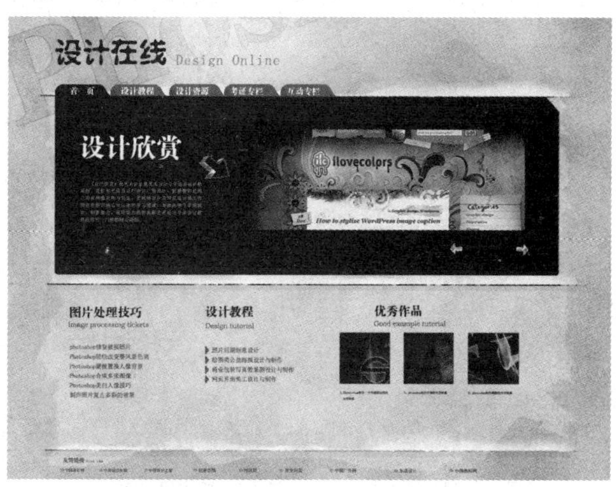

图 7-60　设计在线网首页导航效果图

下篇：商务信息的综合处理

项目八　巧克力包装的设计与制作

项目概要

某巧克力公司要制作的是一款巧克力的包装设计。

项目分析

包装是品牌理念、产品特性和消费心理的综合反映，直接影响到消费者的购买欲，所以一款好的包装设计能够提高一定的产品价值。在下面的案例中提取巧克力本身的颜色作为包装底色，通过绘制阴影和高光使其更具有质感，同时制作稍显饱满的字体样式体现巧克力的浓郁。

任务实施

任务一　制作包装底色

选择和产品相关的颜色作为包装底色。

1. 启动 Photoshop CS6，按“Ctrl＋N”组合键新建一个“巧克力包装设计”文件，具体参数设置如图 8-1 所示。

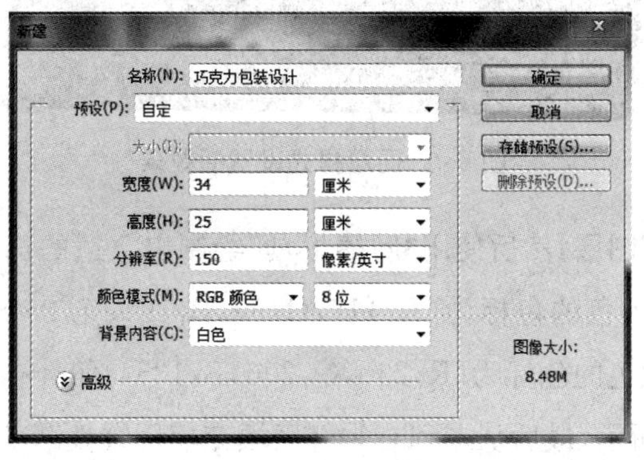

图 8-1　新建文件

2. 新建一个图层，然后设置前景色为(R:55，G:18，B:4)，接着使用“钢笔工具”绘制出合适的图形，右击鼠标点击建立选区，并进行填充，效果如图 8-2 所示。

图 8-2　巧克力包装初始形状

3. 在“图层”面板下方单击“添加图层样式”按钮，在弹出的菜单中选择“投影”命令，然后在“投影”对话框中设置“角度”为 90°，“距离”为 0，“大小”为 35，具体参数设置如图 8-3 所示，效果如图 8-4 所示。

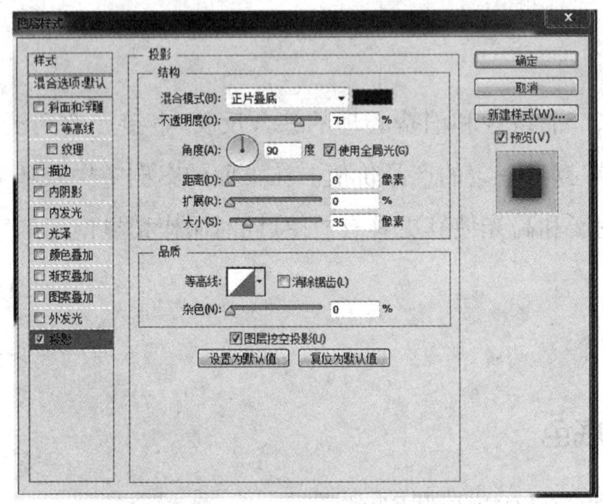

图 8-3　“图层样式”设置

图 8-4　图层样式设置后效果

4. 新建一个“底色”图层，然后使用“魔棒工具”绘制出合适的选区，接着打开“渐变编辑器”对话框，设置第 1 个颜色的色标为(R:117，G:59，B:19)、第 2 个颜色的色标为(R:199，G:156，B:85)、第 3 个颜色的色标为(R:230，G:206，B:135)、第 4 个颜色的色标为(R:130，G:67，B:20)，如图 8-5 所示，最后从左到右为选区填充使用线性渐变色，效果如图 8-6 所示。

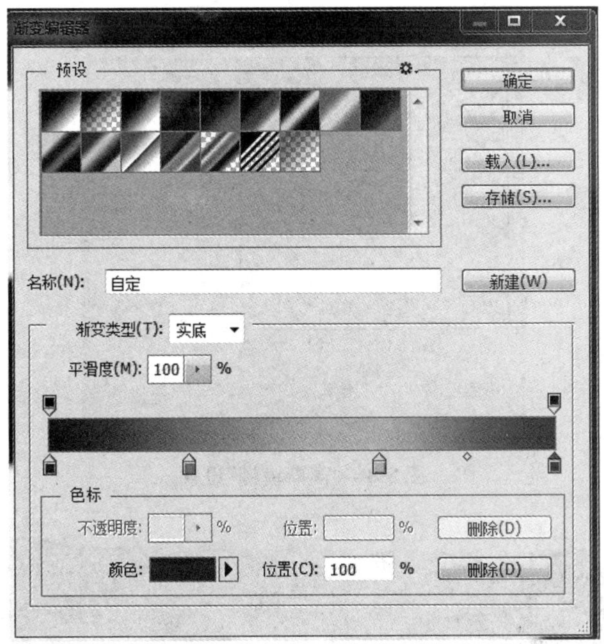

图 8-5　“渐变编辑器”设置

图 8-6　渐变后效果

任务二　制作包装立体感

绘制阴影部分来塑造包装立体感。

1. 新建一个图层，然后设置前景色为(R:184，G101，B:0)，接着使用“钢笔工具”绘制出合适的图形，右击鼠标点击建立选区，并填充选区，效果如图 8-7 所示；最后执行“滤镜→模糊→高斯模糊”菜单命令，在“高斯模糊”对话框中设置“半径”为 7 像素，如图 8-8 所示，效果如图 8-9 所示。再设置图层的“混合模式”为“滤色”、“不透明度”为 79%，如图 8-10 所示，效果如图 8-11 所示。

图 8-7　上阴影图层设置

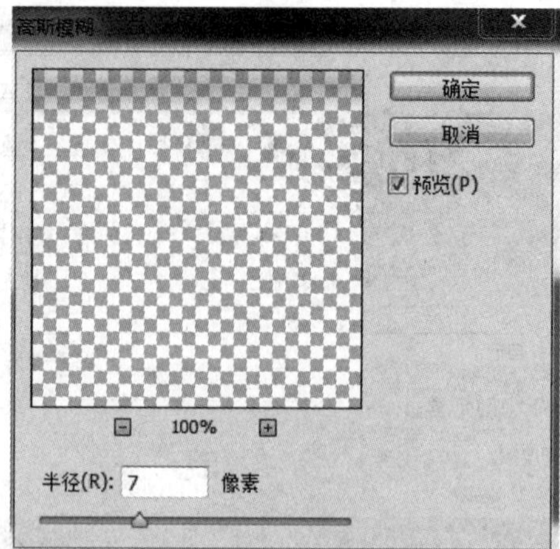

图 8-8 “高斯模糊”设置

图 8-9 高斯模糊后效果

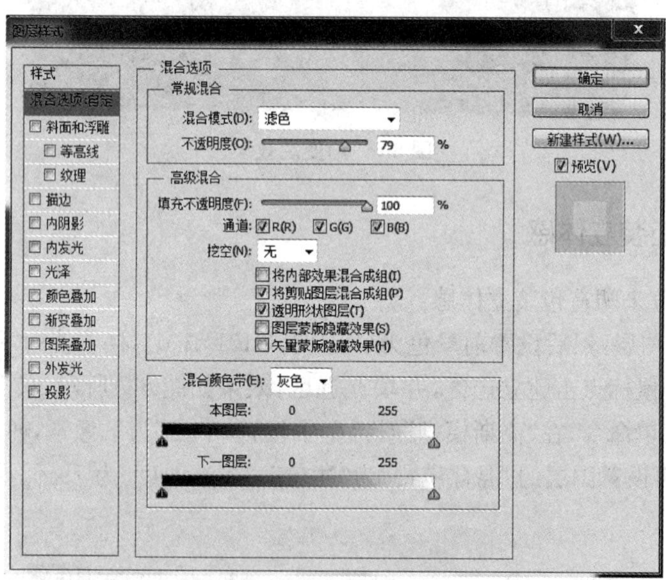

图 8-10 混合模式设置

图 8-11　混合模式后效果

2. 新建一个图层，然后设置前景色为(R:41,G:17,B:7)，接着使用“钢笔工具”绘制出合适的图形，右击鼠标点击建立选区，并填充选区，效果如图 8-12 所示；最后执行“滤镜→模糊→高斯模糊”菜单命令，在“高斯模糊”对话框中设置“半径”为 4 像素，如图 8-13 所示，效果如图 8-14 所示。

图 8-12　下阴影图层设置

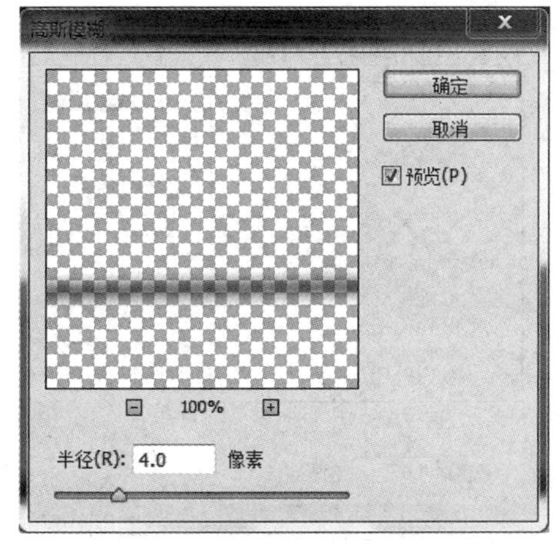

图 8-13　“高斯模糊”设置

图 8-14　高斯模糊后效果

3. 运用以上相同的方法绘制出左右两侧的阴影效果，效果如图 8-15 所示。

图 8-15　左右两侧阴影效果

4. 新建一个“竖条”图层，然后使用“矩形选框工具”绘制出合适的选区，并为选区填充白色；接着按“Ctrl＋T”组合键进入自由变换模式，对其进行适当的旋转，并移动到合适的位置，效果如图 8-16 所示；最后执行“滤镜→模糊→高斯模糊”菜单命令，在“高斯模糊”对话框中设置“半径”为 0.7 像素，如图 8-17 所示，效果如图 8-18 所示。

图 8-16　封口设置

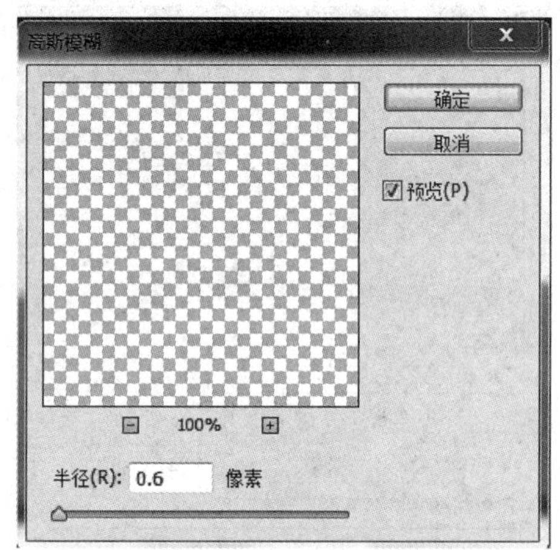

图 8-17　“高斯模糊”设置

图 8-18　高斯模糊后效果

5. 确定当前图层为“竖条”图层，然后按“Ctrl”键点击“底色”图层，载入“底色”图层选区，接着按“Ctrl＋J”组合键复制出选区内的图像，命名为“竖条副本”图层，如图 8-19 所示；

最后设置图层的“混合模式”为“滤色”、“不透明度”为 70%，效果如图 8-20 所示。

图 8-19　竖条图层副本

图 8-20　封口混合模式后效果

6. 确定当前图层为“竖条副本”，然后按“Ctrl+J”组合键复制出一个副本图层，对其进行适当的旋转并移动到合适的位置，如图 8-21 所示，接着在“图层”面板下方单击“添加图层蒙版”按钮，选择“渐变工具”，在渐变编辑器中设置第 1 个颜色为白色、第 2 个颜色为(R:32，G:9，B:4)、第 3 个颜色为白色，最后使用线性渐变按照从上到下的方向为蒙版填充渐变色，如图 8-22 所示，效果如图 8-23 所示。

图 8-21　复制封口

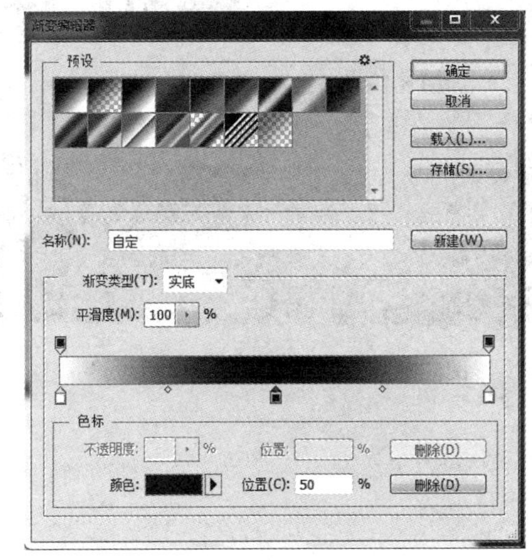

图 8-22　“渐变编辑器”设置

图 8-23 蒙版填充渐变色后效果

7. 置入"素材 8-1.jpg"文件，然后调节好大小与位置，如图 8-24 所示；接着确定当前图层为"巧克力"图层，按"Ctrl"键点击"底色"图层，载入"底色"图层选区，按"Ctrl＋J"组合键复制出选区内的图像，同时删除"巧克力"图层，如图 8-25 所示，并将此图层的不透明度改为 65％效果如图 8-26 所示。最后在"图层"面板下方单击"添加图层蒙版"按钮，选择"渐变工具"，在渐变编辑器中设置第 1 个颜色为黑色、第 2 个颜色为白色，再使用径向渐变按照从左到右的方向为蒙版填充渐变色，如图 8-27 所示，效果如图 8-28 所示。

图 8-24 置入素材

图 8-25 载入"底色"图层选区

图 8-26 图层不透明度设置后效果

图 8-27　“渐变编辑器”设置

图 8-28　蒙版填充渐变色后效果

8. 设置图层“混合模式”为“叠加”,效果如图 8-29 所示,然后按“Ctrl＋J”组合键复制出一个副本图层,接着设置副本图层的“混合模式”为“叠加”、“不透明度”为 40%,效果如图 8-30所示。

图 8-29　混合模式设置后效果

图 8-30 副本图层混合模式设置后效果

9. 置入“素材 8-2 . psd”文件，然后调节好大小与位置，如图 8-31 所示；接着确定当前图层为“素材 8-2”图层，在“图层”面板下方单击“添加图层蒙版”按钮，选择“渐变工具”，在渐变编辑器中设置第 1 个颜色为白色、第 2 个颜色为黑色，最后使用线性渐变按照从左到右的方向为蒙版填充渐变色，如图 8-32 所示，效果如图 8-33 所示。

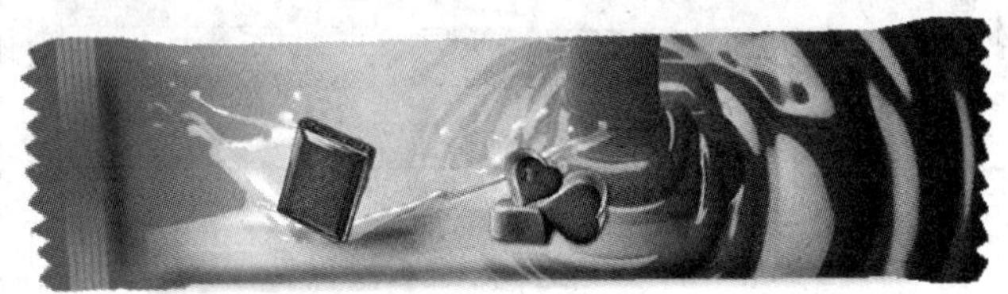

图 8-31 置入素材

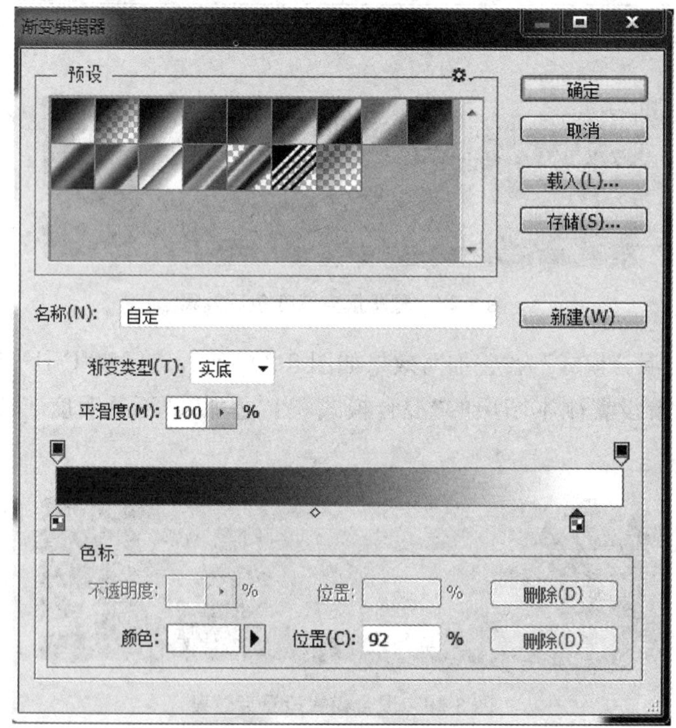

图 8-32 “渐变编辑器”设置

图 8-33　蒙版填充渐变色后效果

任务三　制作字体

制作醒目而又与产品感觉相符的字体样式。

1. 使用“横排文字工具”在绘图区域中输入文字(字体:BickhamScriptPro Regular),然后设置合适的大小和颜色,如图 8-34 所示。接着在“图层”面板下方单击“添加图层样式”按钮,在弹出的菜单中选择“斜面和浮雕”命令,在弹出的“斜面和浮雕”对话框里设置“深度”为 80%、“大小”为 5 像素,如图 8-35 所示;最后单击左侧的“描边”样式,设置“大小”为 3 像素、“颜色”值为(R:240,G:211,B:161),如图 8-36 所示,效果如图 8-37 所示。

图 8-34　输入文字

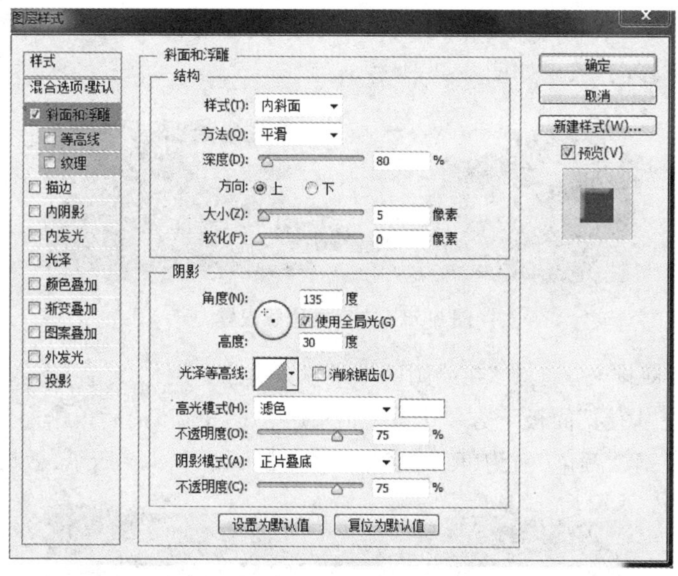

图 8-35　“斜面和浮雕”设置

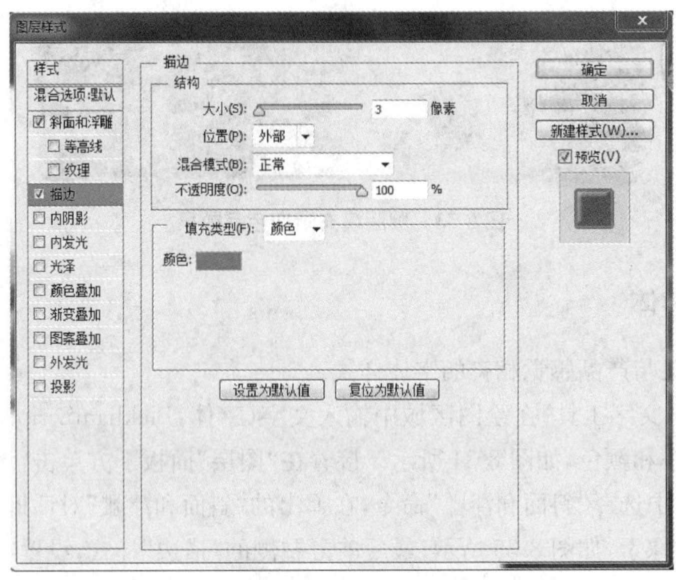

图 8-36 “描边”设置

图 8-37 添加图层样式后效果

2. 确定当前图层为文字图层,然后按“Ctrl+J”组合键复制出两个副本图层,并分别将其进行向上或向下移动,效果如图 8-38 所示。

图 8-38 文字立体感设置

3. 继续使用“横排文字工具”在绘图区域中输入文字(字体:文鼎 CS 长美黑),效果如图 8-39 所示。接着在“图层”面板下方单击“添加图层样式”按钮,最后单击左侧的“描边”样式,设置“大小”为 4 像素、“颜色”值为(R:94,G:43,B:22),如图 8-40 所示,效果如图 8-41 所示。

图 8-39 输入文字

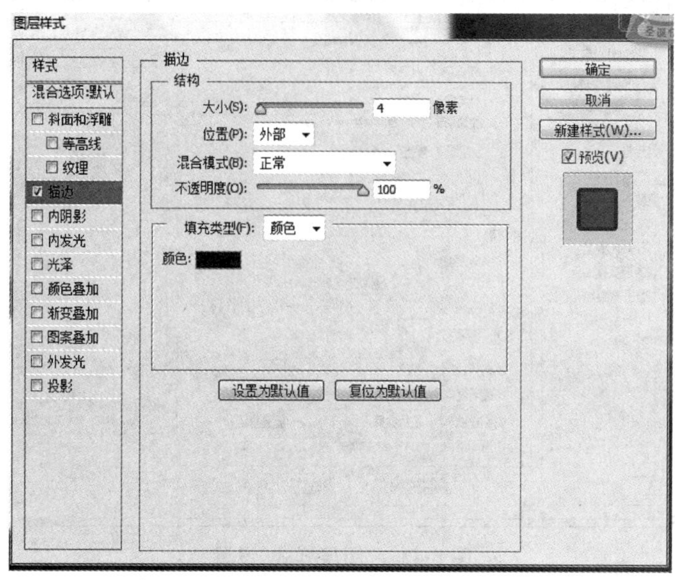

图 8-40　图层样式设置

图 8-41　添加图层样式后效果

4. 新建一个“水珠”图层，然后设置前景色为(R:32,G:9,B:4)，接着使用“钢笔工具”绘制出合适的选区，并进行填充，效果如图 8-42 所示；最后运用以上相同的方法为其添加图层样式如图 8-43 所示，效果如图 8-44 所示。

图 8-42　“水珠”图层

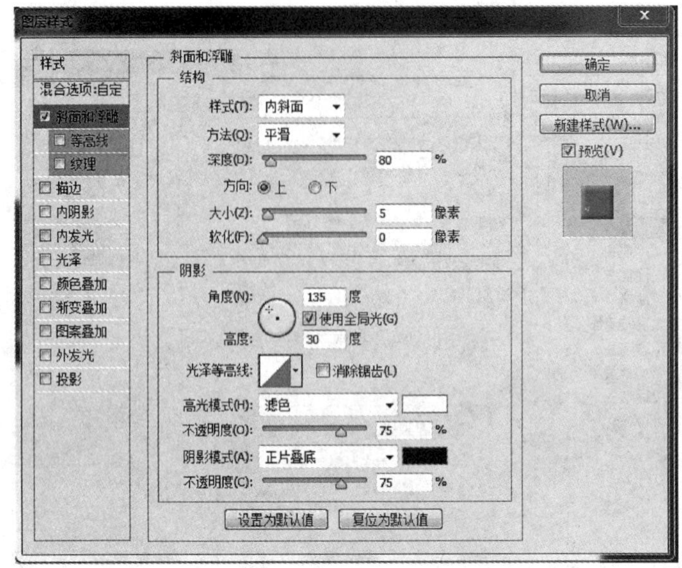

图 8-43 “图层样式”设置

图 8-44 添加图层样式后效果

5. 选中制作巧克力包装的所有图层，然后按“Ctrl＋G”组合键将图层合并为“巧克力”组，接着按“Ctrl＋T”组合键进行适当的旋转和缩放，效果如图 8-45 所示。

图 8-45 巧克力包装变形效果

6. 打开“素材 8-3. psd”文件，选中图层 2，点击“选择“主菜单中的“载入选区”，将选区的内容移动到“巧克力包装设计”文件中，然后调节素材大小与位置如图 8-46 所示，同样的方法将图层 1 移动到“巧克力包装设计”文件中，然后调节素材大小与位置，效果如图 8-47 所示。

图 8-46　载入选区

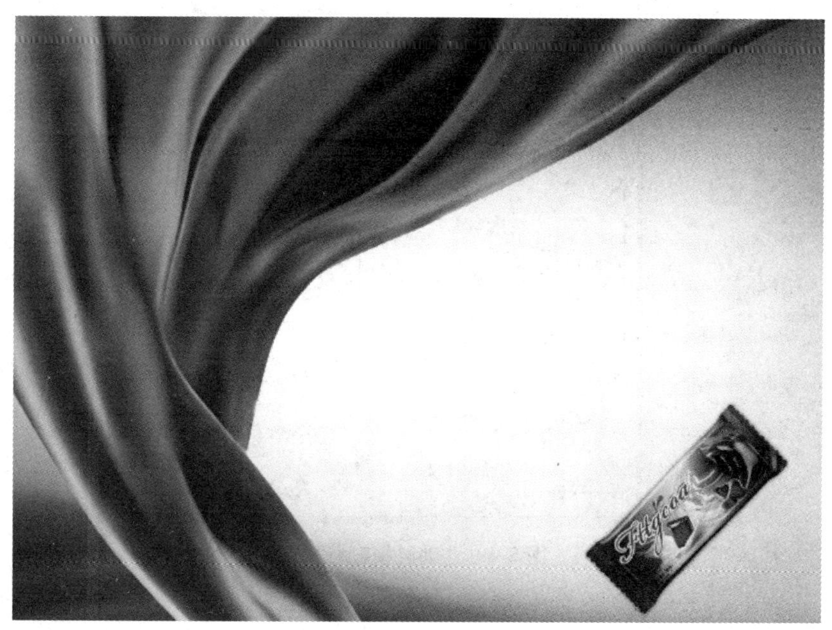

图 8-47　再次载入选区

7. 新建一个图层，然后使用“钢笔工具”绘制出合适的选区，并填充选区，如图 8-48 所示；接着执行“滤镜→模糊→动感模糊”菜单命令，在“动感模糊”对话框中设置“距离”为 50 像素，如图 8-49 所示，最后设置图层的“不透明度”为 60%，并将其移动到合适的位置，效果如图 8-50 所示。

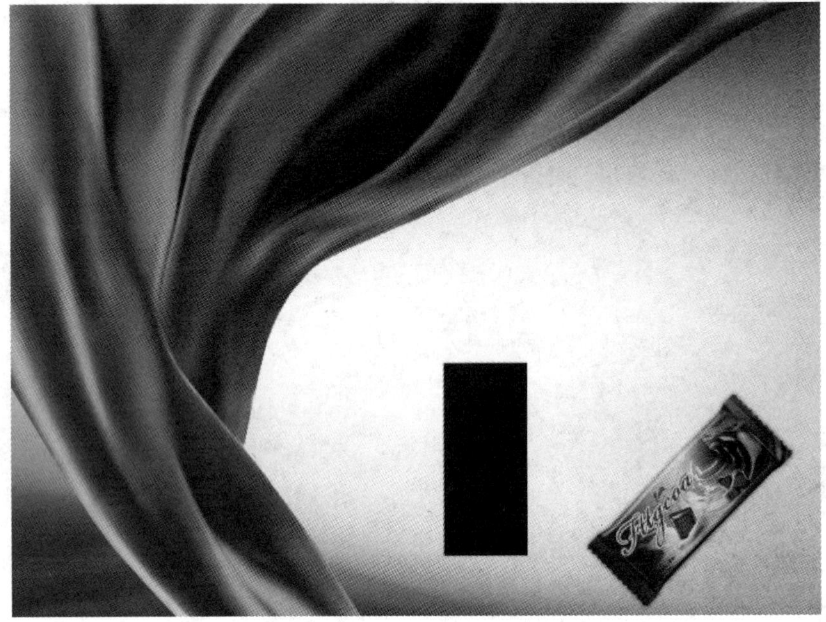

图 8-48　阴影形状

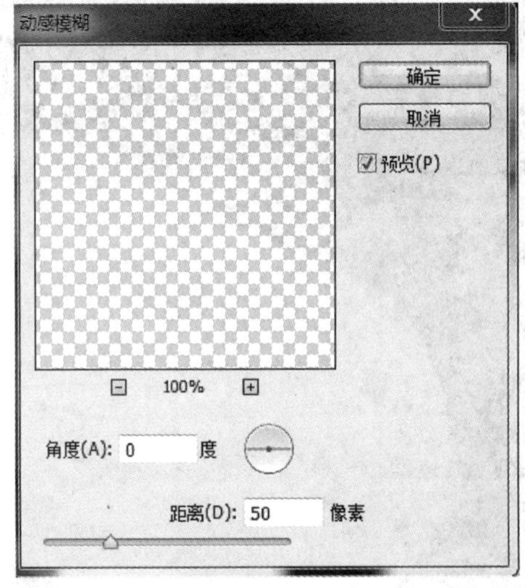

图 8-49　“动感模糊”设置

图 8-50　阴影效果

8. 确定当前为"巧克力"组，然后按"Ctrl+J"组合键复制出两个副本图层，并进行适当的旋转和缩放，接着运用以上相同的方法制作出其他阴影效果，并摆放到适当的位置，效果如图 8-51 所示。

图 8-51　巧克力组

9. 新建一个图层，然后使用“椭圆选框工具”绘制出合适的选区，并用白色填充选区，效果如图 8-52 所示；接着执行“滤镜→模糊→高斯模糊”菜单命令，在“高斯模糊”对话框中设置“半径”为 50 像素，如图 8-53 所示，效果如图 8-54 所示。

图 8-52　光照形状

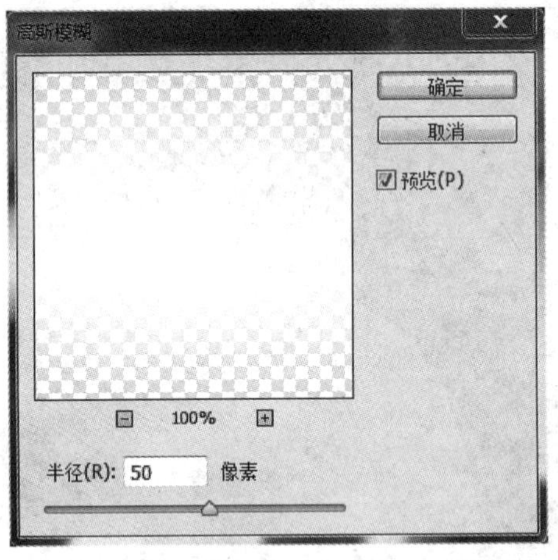

图 8-53　“高斯模糊”设置

图 8-54　光照效果

10. 使用“横排文字工具”在绘图区域中输入文字，如图 8-55 所示。然后为其添加图层样式如图 8-56 和图 8-57 所示，最终效果如图 8-58 所示。

图 8-55　输入文字

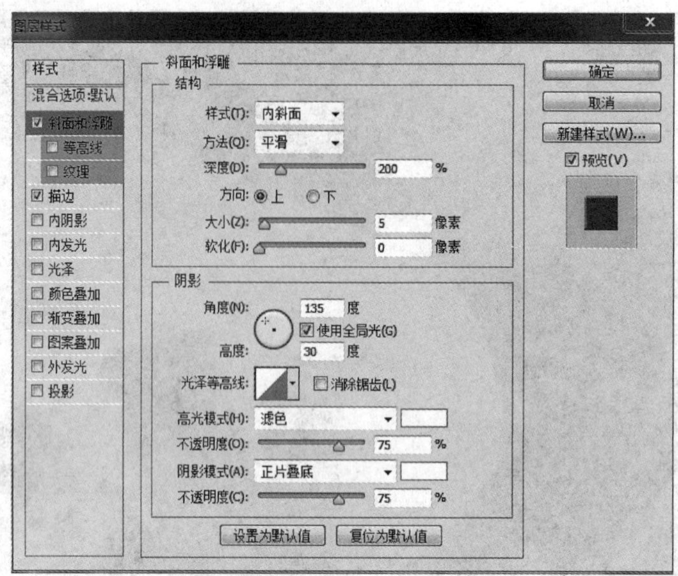

图 8-56 “斜面和浮雕”设置

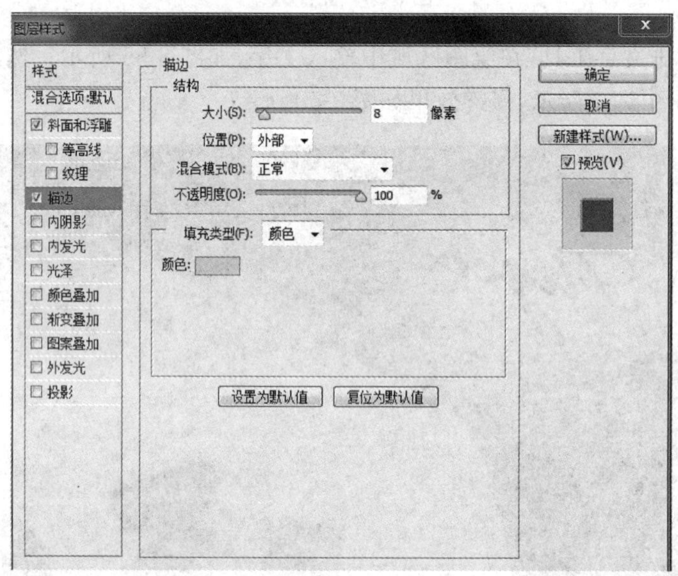

图 8-57 “描边”设置

图 8-58　图层样式设置后效果

11. 使用"横排文字工具"在绘图区域中输入文字，如图 8-59 所示；然后在文字输入状态下单击状态栏中的"创建文字变形"按钮，接着在"变形文字"对话框中设置"样式"为"旗帜"、"弯曲"为 30%，如图 8-60 所示，最后进行适当的旋转，效果如图 8-61 所示。

图 8-59　输入文字

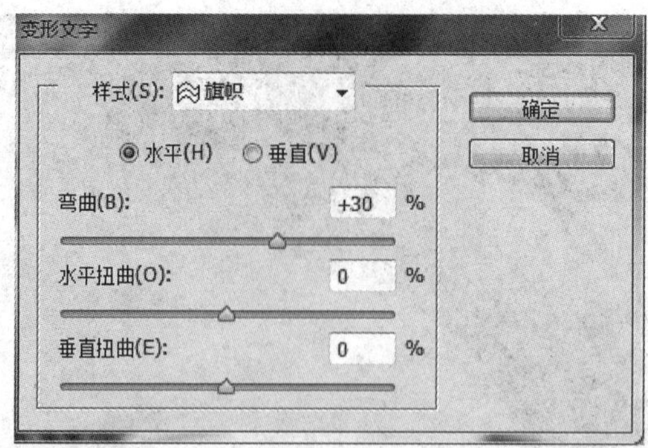

图 8-60 “变形文字”设置

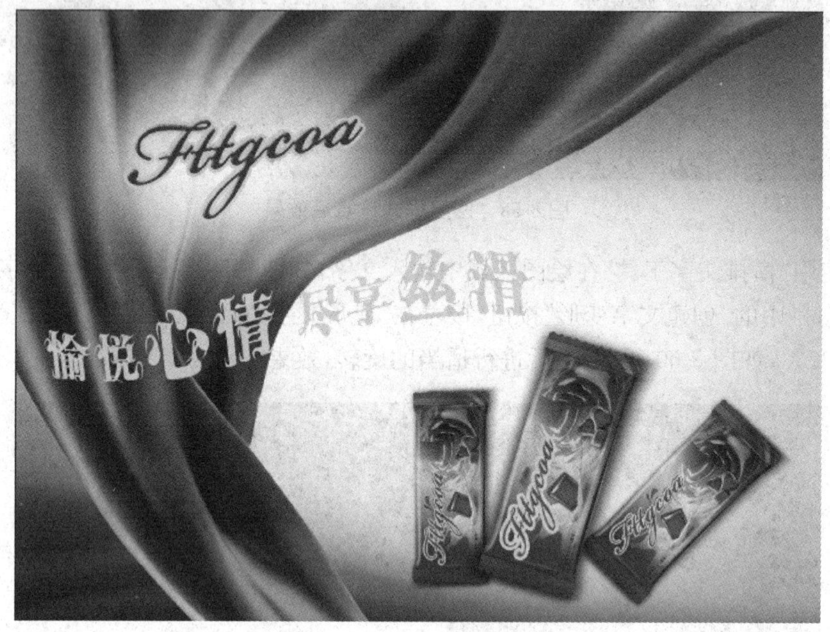

图 8-61 变形后文字效果

12. 在“图层”面板下方单击“添加图层样式”按钮，然后在弹出的菜单中选择“渐变叠加”命令，在“渐变叠加”对话框里选择“渐变”，接着打开渐变编辑器，设置第 1 个颜色的色标为(R:226,G:129,B:124)、第 2 个颜色的色标为(R:244,G:231,B:81)、第 3 个颜色的色标为(R:191,G:77,B:1)，如图 8-62 和图 8-63 所示，最后从上到下为选区填充使用线性渐变色，效果如图 8-64 所示。

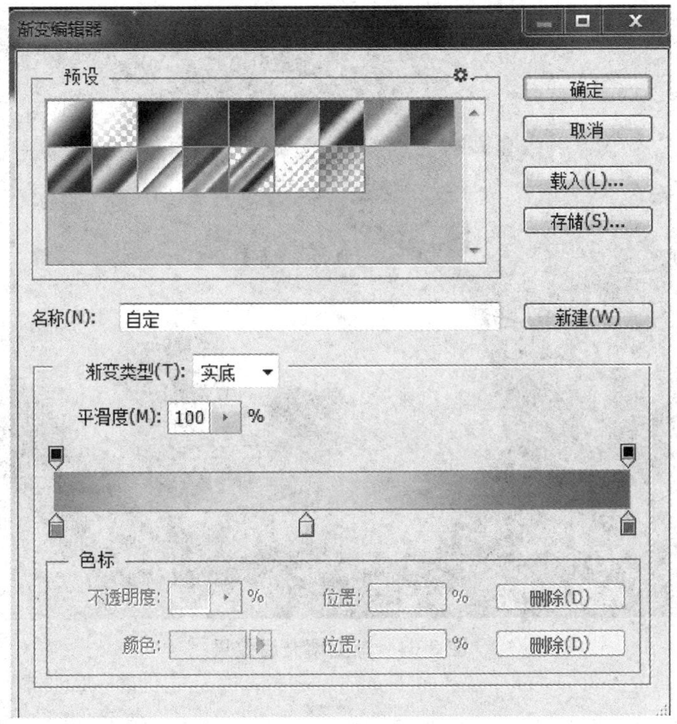

图 8-62　“渐变编辑器”设置

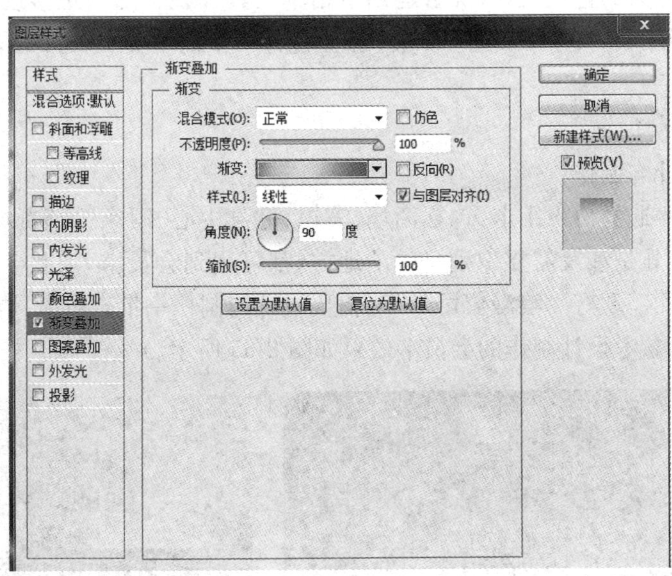

图 8-63　“渐变叠加”设置

图 8-64 渐变填充后效果

项目小结

通过制作巧克力的包装设计，综合运用了铅笔工具、图层样式、矩形选框工具、滤镜、渐变工具、图层蒙版工具、文字工具等，锻炼了独立制作一个简单美工项目的基本技能。

基本练习

会员卡的设计与制作：

会员卡是指普通身份识别卡，包括商场、宾馆、健身中心、酒家等消费场所的会员认证，其用途非常广泛，凡是涉及需要识别身份的地方，都可用到会员卡，因此会员卡在现今社会有其相当的重要性。现有一浪漫公司 KTV 需要设计与制作一批会员卡，请设计并制作出会员卡的效果图。（参考设计制作的会员卡效果如图 8-65 所示。）

图 8-65 会员卡效果图

拓展训练

游戏卡的设计与制作：

现今电子游戏大部分是由玩家扮演游戏中的一个或多个角色，而一系列的游戏储值卡也随之诞生。现某网络公司需要设计与制作一批游戏卡，请设计并制作出游戏卡的效果图。（参考设计制作的游戏卡效果如图 8-66 所示。）

图 8-66　游戏卡效果图

项目九　天然光滑质感的珍珠项链制作

项目概要

随着社会的发展，人们的消费观念由感性转向了理性，而珍珠被奉为六月的生辰石，它象征着健康、高贵和纯洁。东方人将它誉为“月亮上的宝石”，认为它能巩固友谊，强化心智与记忆。用珍珠做成的首饰高贵典雅，适合于各个年龄层次的人士佩戴，它别具韵味，以独特的风华和品味给人们无比的神秘感和想象空间。某珠宝公司需要在其官网上放置一个珍珠项链的横幅网络广告。

项目分析

珍珠项链为珍珠制成的饰品，即将珍珠钻孔后用线串在一起，佩戴于项间。而珍珠有白色、奶油色、金黄色与淡玫瑰色等多种颜色，而白色最为常见。本设计选择白色珍珠作为项链的主体并配以金色的金属配件来增加质感和加以点缀。

任务实施

任务一　制作项链背景

1. 打开背景素材如图 9-1 所示。

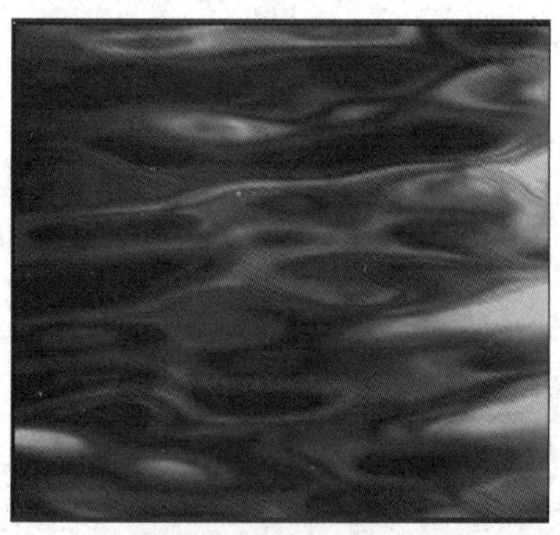

图 9-1　背景素材

2. 打开玫瑰花素材如图 9-2 所示，用磁性套索工具选中玫瑰花，选择工具箱中的“移动工具”，将玫瑰花移动复制到底纹图片中，生成图层 1，如图 9-3 所示。

图 9-2　玫瑰花素材

图 9-3　玫瑰花移动到背景中

3. 将图层 1 重命名为“玫瑰花”，点击“编辑”主菜单中“自由变换”将玫瑰花变为原来大小的 40%并将其移到左上角，点击“图层”主菜单中“修边”的“移去白色杂边”，如图 9-4 所示。

图 9-4　玫瑰花编辑

任务二　制作一个小圆珍珠

1. 新建一个图层“珍珠”，选择工具箱中的“椭圆选框工具”，按“Shift”键，在画面中绘制一个正圆形选区，然后将前景色设置为白色，为选区填充白色，完成后取消选择，效果如图 9-5 所示。

图 9-5　珍珠形状

2. 双击“珍珠”图层，弹出“图层样式”对话框，为“珍珠”图层添加图层样式。

3. 图层样式——斜面与浮雕的参数如图 9-6 所示设置，等高线设置参数如图 9-7、图 9-8 所示。

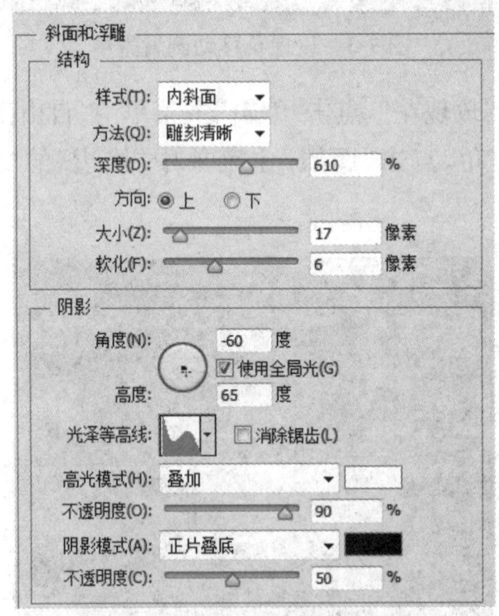

图 9-6　“斜面和浮雕”设置

等高线
图素
等高线:
消除锯齿(L)
范围(R):
70
%

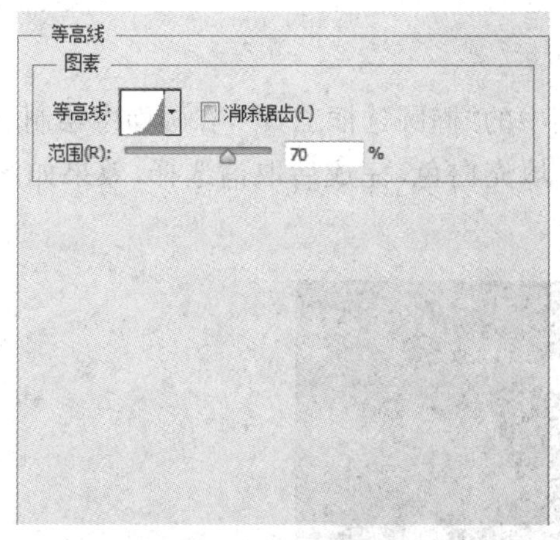

图 9-7　“等高线”设置

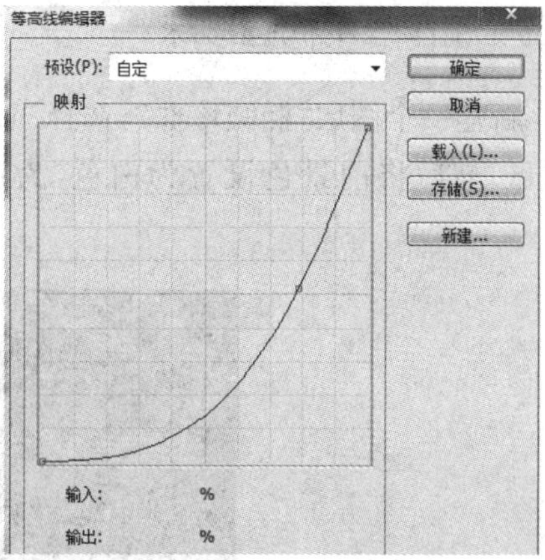

等高线编辑器
预设(P):
自定
确定
取消
载入(L)...
存储(S)...
新建...
映射
输入:
%
输出:
%

图 9-8　等高线编辑器

4. 所得珍珠图层效果如图 9-9 所示。

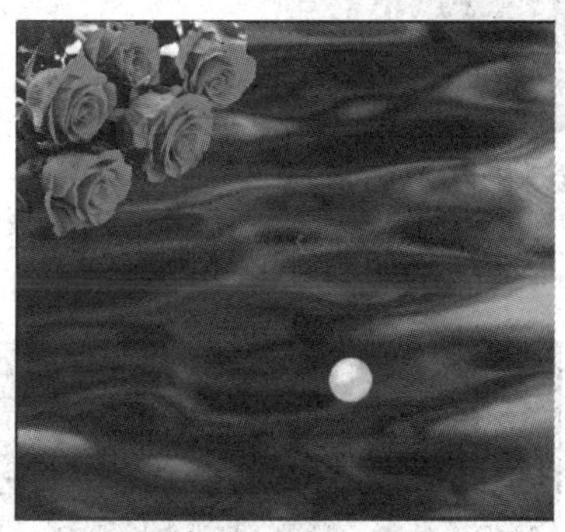

图 9-9　珍珠图层效果

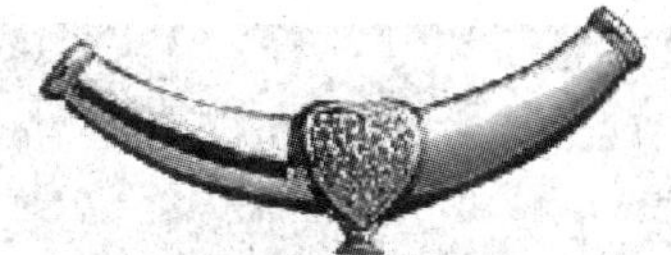

图9-10　磁性套索工具选中项链

5. 打开项链图,并用磁性套索工具选中项链,如图 9-10 所示。
6. 将所选中的项链复制到背景中,如图 9-11 所示。

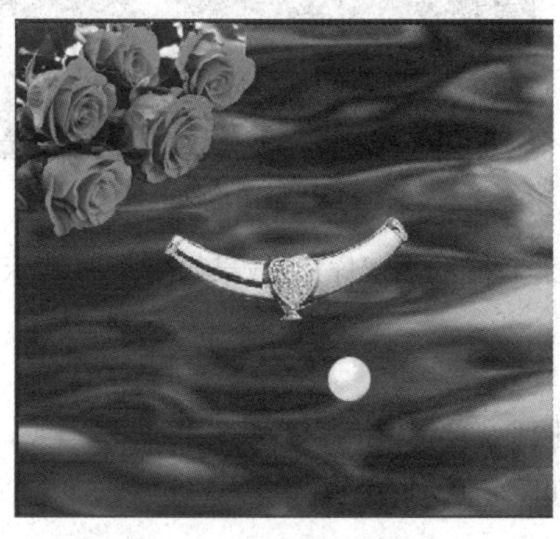

图 9-11　项链复制到背景

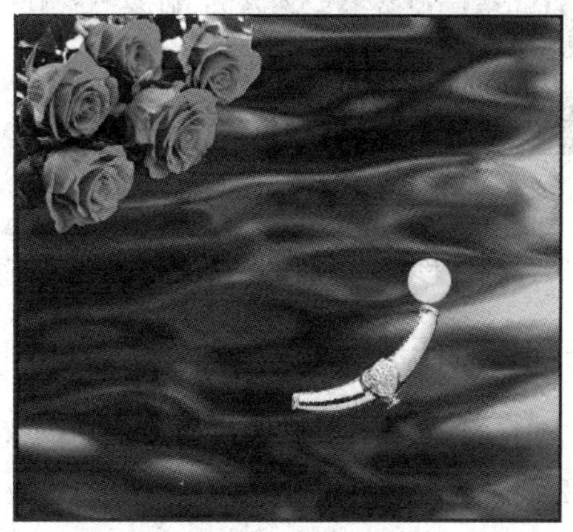

图 9-12　项链变形

7. 运用自由变换工具将项链变换成原来大小的 70%同时做适当的旋转,如图 9-12 所示。

任务三　制作一个椭圆珍珠

1. 新建一个图层“椭圆珍珠”，选择工具箱中的“椭圆选框工具”，在画面中绘制一个椭圆形选区，然后将前景色设置为白色，为选区填充白色，完成后取消选择，效果如图 9-13 所示。

图 9-13　椭圆珍珠形状

2. 运用自由变换工具将“椭圆珍珠”移置合适的位置，如图 9-14 所示。

图 9-14　椭圆珍珠位置

图 9-15　椭圆珍珠效果

3. 复制“珍珠”图层的图层样式粘贴为“椭圆珍珠”的图层样式，效果如图 9-15 所示。

任务四　制作珍珠项链

1. 复制 19 个“珍珠”图层后，将 20 个珍珠排列成链状。
2. 将“玫瑰花”图层放置最顶层，最终效果如图 9-16 所示。

图 9-16　珍珠项链效果

项目小结

通过制作天然光滑质感的珍珠项链的横幅网络广告，综合运用了移动工具、磁性套索工具、自由变换工具、椭圆选框工具、渐变工具等工具，锻炼了独立制作一个简单美工项目的基本技能。

基本练习

珠宝首饰横幅网络广告的制作：

首饰是爱情永恒的象征，璀璨的钻戒，是心动，是永恒，是约定，是相爱之人相伴一生的见证。对戒指的拥有，是浪漫的等待，等待生命中一个人，等待一段用一生去实践的诺言，钻戒永远是女人内心的梦想，一枚钻戒，只要赋予了爱情的故事，就是生命里一次刻骨铭心的邂逅，都会闪耀永恒的幸福。彩蝶珠宝公司需要在其官网上放置一个钻戒横幅网络广告。请设计并制作出钻戒的横幅网络广告。（参考设计制作的钻戒横幅网络广告如图 9-17 所示。）

图 9-17　珠宝首饰横幅网络广告

拓展训练

饮品是指以水为基本原料，由不同的配方和制造工艺生产出来，供人们直接饮用的液体食品。饮料除提供水分外，由于在不同品种的饮品中含有不等量的糖、酸、乳以及各种氨基酸、维生素、无机盐等营养成分，现在人们的日常生活中已离不开饮品。某果蔬汁饮料公司需要在其官网上放置一个该饮品的飘浮网络广告。请设计并制作出饮品的飘浮网络广告。（参考设计制作的饮品的飘浮网络广告如图 9-18 所示。）

图 9-18　饮品的飘浮网络广告

项目十　手绘牛仔裤的制作

项目概要

牛仔裤可谓是一年四季永不凋零的“明星”，被列为“百搭服装之首”。牛仔裤是一种男女穿用的紧身便裤，具有耐磨、耐脏，穿着贴身、舒适等特点。一般采用劳动布、牛筋劳动布等靛蓝色水磨面料，也有用仿麂皮、灯芯绒、平绒等其他面料制成。某服装公司需要在其天猫首页上放置一个牛仔裤的按钮网络广告。

项目分析

牛仔裤通常是由斜纹布或斜纹粗棉布制作的在工作或运动时穿用的裤子，本设计选用蓝色粗斜纹布纹来作为牛仔布的颜色与条纹，同时用一质地金属苹果手机作为反衬。最后在裤袋的右上侧缝上商标。

任务实施

任务一　制作牛仔布边效果

1. 新建一个 5×5 大小的“纹理图案”的文件，如图 10-1 所示。

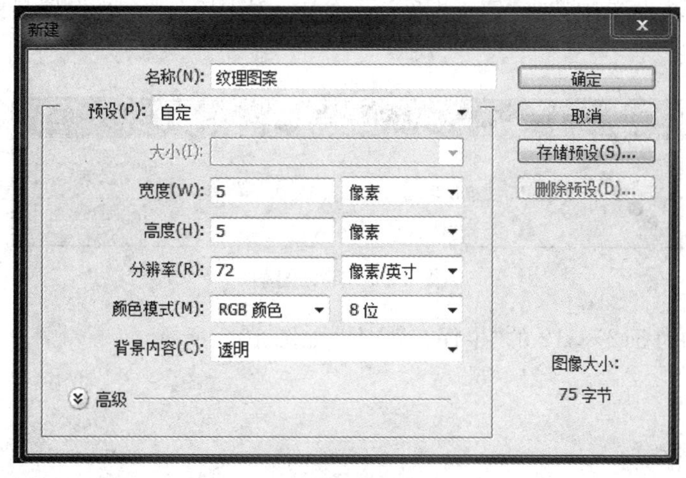

图 10-1　新建“纹理图案”文件

2. 将“纹理图案”放大到 1500%，效果如图 10-2 所示。用铅笔工具在选区中用 5 个像素进行斜线填充，如图 10-3 所示。

图 10-2 “纹理图案”放大

图 10-3 “纹理图案”填充

3. 在“编辑”主菜单中选择“定义图案”子菜单，如图 10-4 所示，设置自定义“纹理图案”图案。

图 10-4 定义图案

4. 新建大小为 512×512 的“牛仔布”文件，如图 10-5 所示。

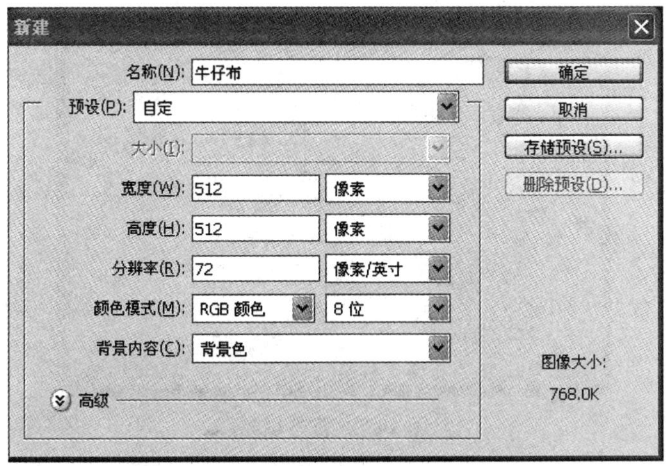

图 10-5　新建“牛仔布”文件

5. 定义背景颜色基调，牛仔的蓝有：深蓝、水洗蓝和蓝绿色等，根据喜好选择，选择一个颜色如图 10-6 所示。在“编辑”主菜单中选择“填充”子菜单对文件进行填充，如图 10-7、图 10-8所示。

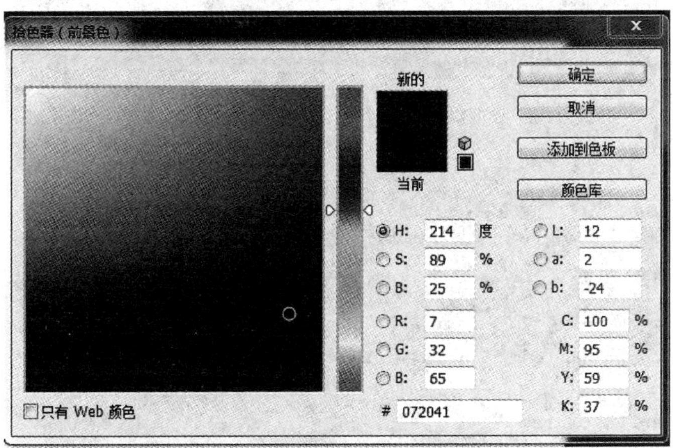

图 10-6　背景颜色

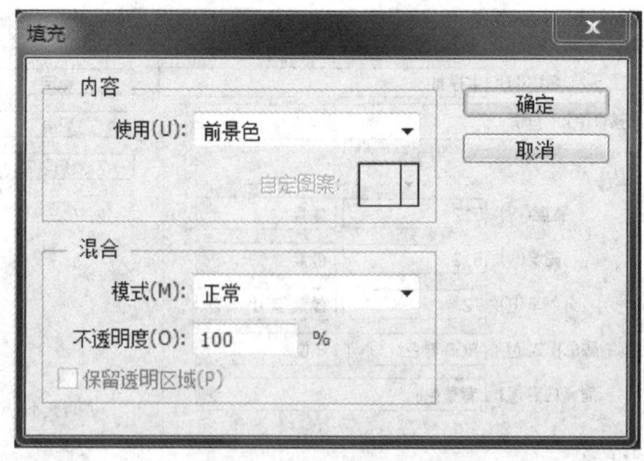

图 10-7　背景填充

图 10-8　背景填充后效果

6. 为牛仔底图背景增加一点粗糙感，所以要添加一个杂色，在“滤镜”主菜单中“杂色”子菜单中点击“添加杂色”进行如图 10-9 所示设置。

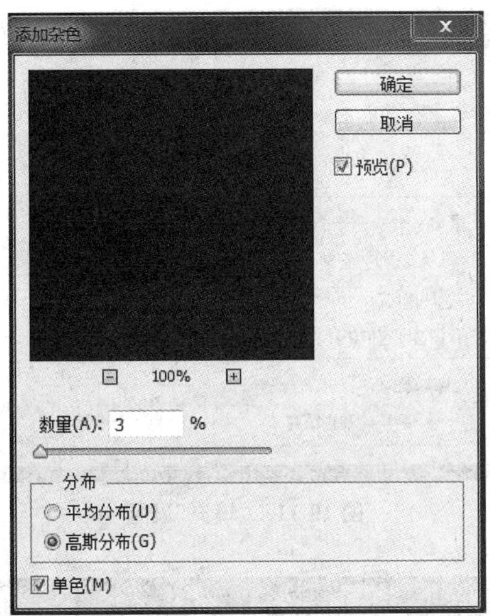

图 10-9　添加杂色

7. 新建一图层，命名“背景纹路”如图 10-10 所示，在“编辑”主菜单中选择“填充”子菜单，此图层运用刚才定义的图案“纹理图案”进行填充，如图 10-11 所示。整体效果如图 10-12 所示。

图 10-10　新建图层

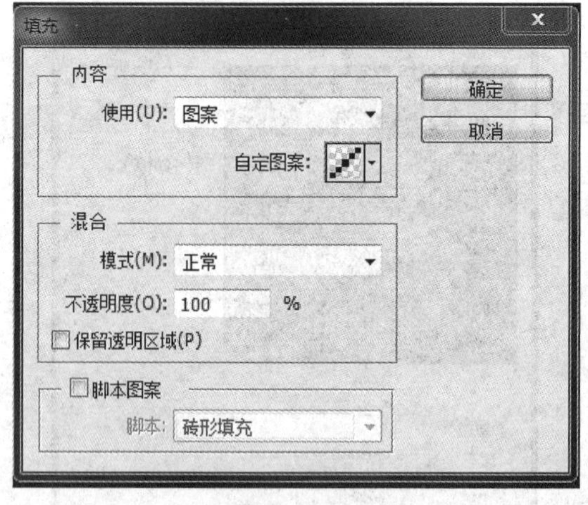

图 10-11 “填充”设置

图 10-12 背景纹路效果

8. 对“背景纹路”图层进行滤镜的设置。在“滤镜”主菜单中选择“滤镜库”子菜单进入后在艺术效果中再点击“胶片颗粒”，如图 10-13 所示。数值的高低，会有不同的牛仔材质的效果，可以调到自己喜欢的数值。

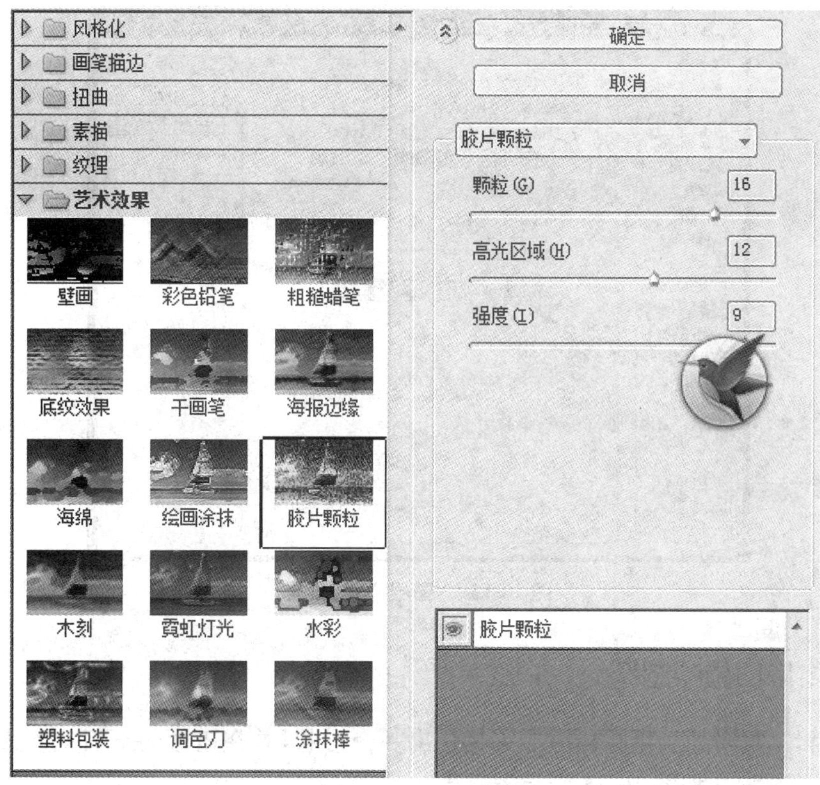

图 10-13　“滤镜”设置

9. 新建如图 10-14 所示的“遮罩”图层，图层前景色为黑色，图层的填充设置为 0。为整体效果添加压黑四角的效果，营造一下氛围。

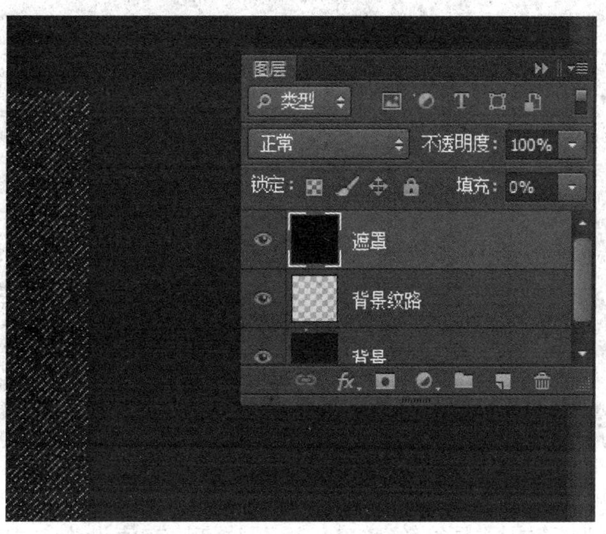

图 10-14　遮罩设置

10. 为“遮罩”图层添加图层样式，如图 10-15 所示。

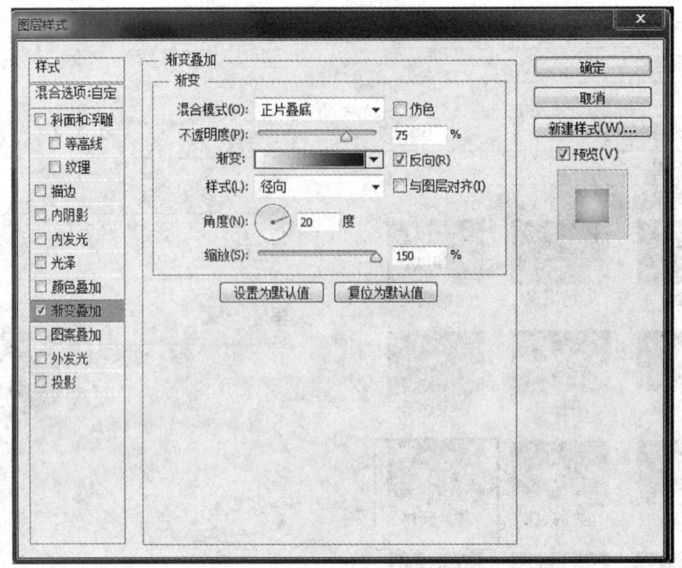

图 10-15 “图层样式”设置

任务二 牛仔口袋的制作

1. 先制作口袋衬底，用圆角矩形工具拉出一个形状，并在矩形的下面一条边的中点添加锚点将矩形变换成如图 10-16 所示的形状。

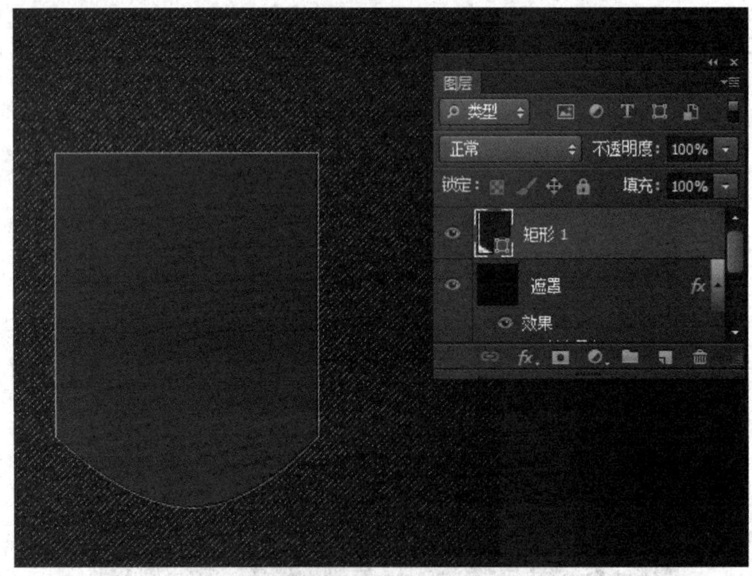

图 10-16 口袋形状

2. 将生成的“矩形 1”图层重命名为“口袋里”，并将填充值设为 0，如图 10-17 所示。

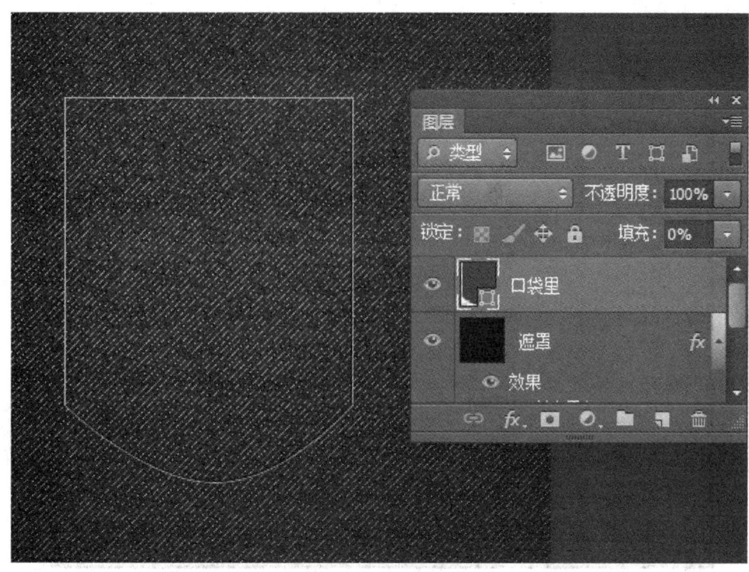

图 10-17　口袋里

3. 对“口袋里”图层进行图层样式的设置，具体如图 10-18 至图 10-22 所示。图中没标颜色值的都是纯白和纯黑。

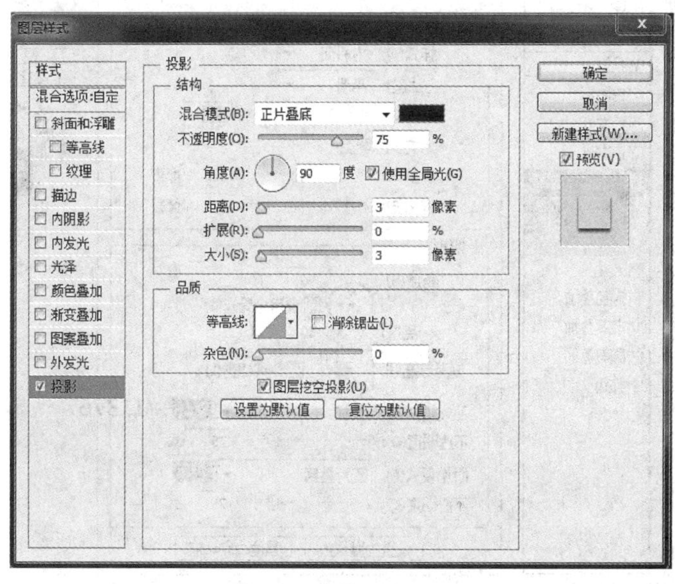

图 10-18　“投影”设置

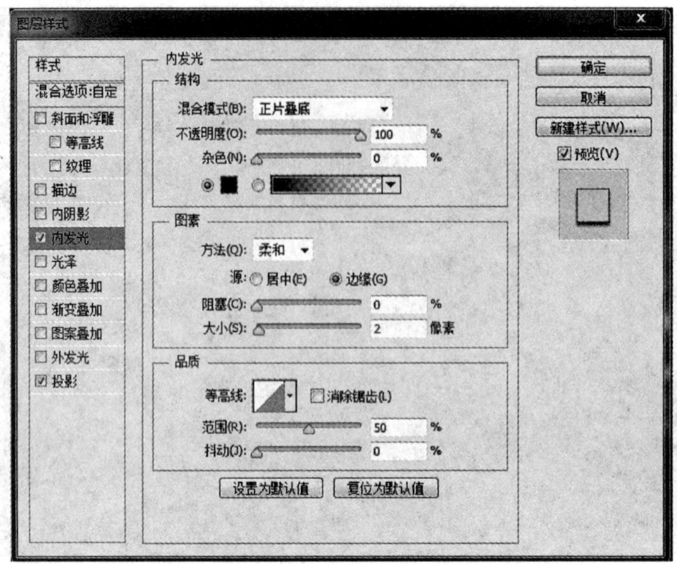

图 10-19 “内发光”设置

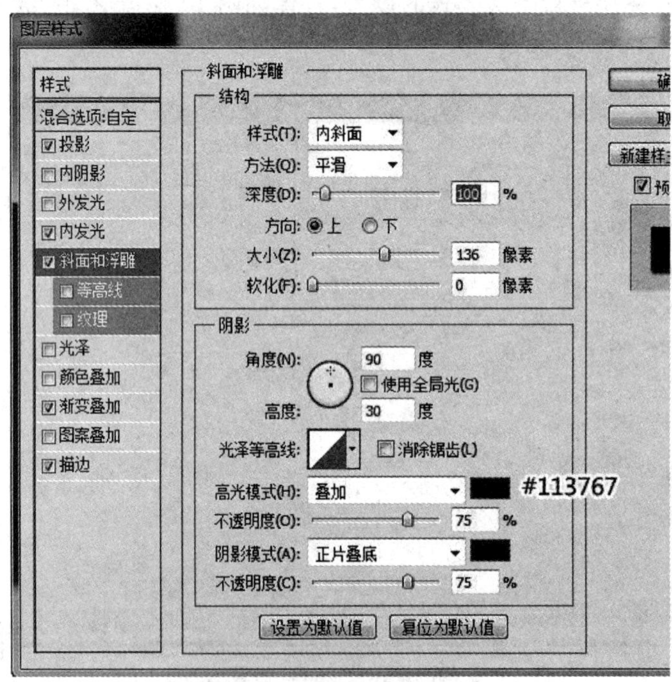

图 10-20 “斜面和浮雕”设置

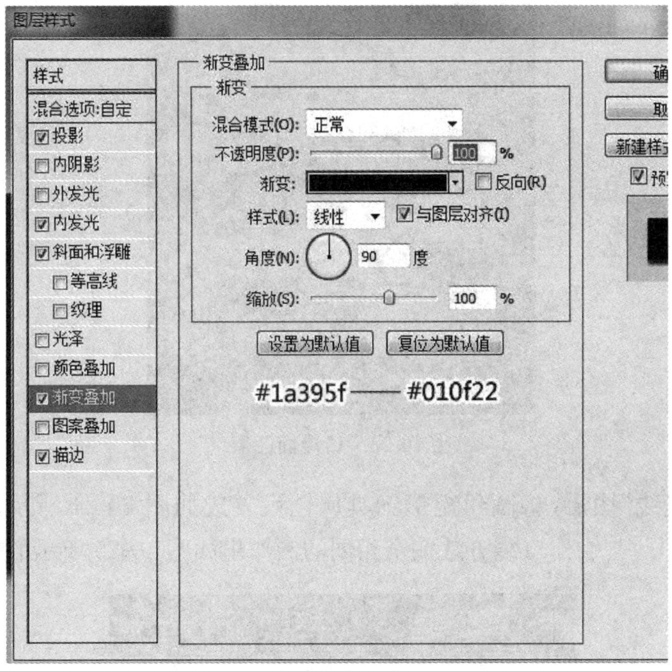

图 10-21　“渐变叠加”设置

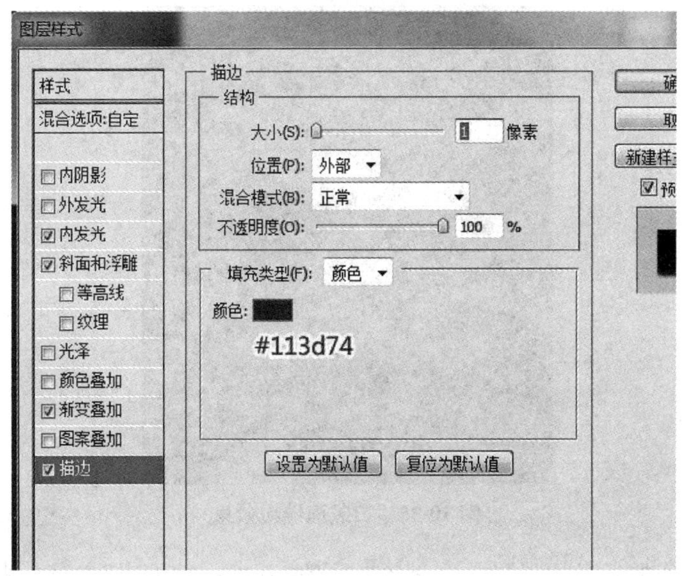

图 10-22　“描边”设置

4. 复制刚制作的“口袋里”图层并重命名为“口袋面”，具体如图 10-23 所示。

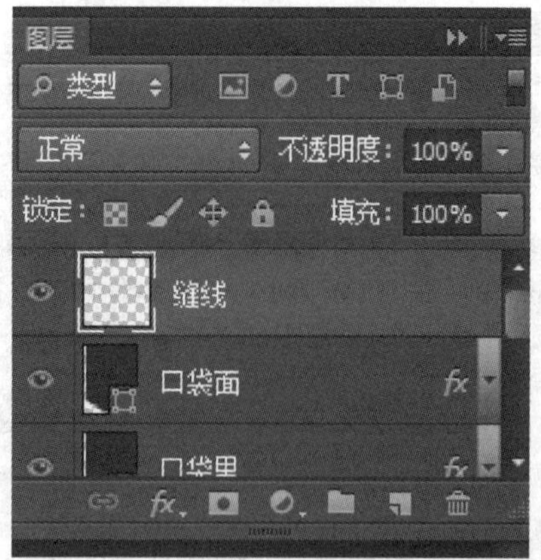

图 10-23　口袋面图层

5. 新建一“缝线”图层，将圆角矩形工具属性设置成如图 10-24 所示。描边的颜色为 RGB(172,122,63)。与制作口袋方法完全相同的制作出如图 10-25 所示的效果。

图 10-24　缝线颜色大小

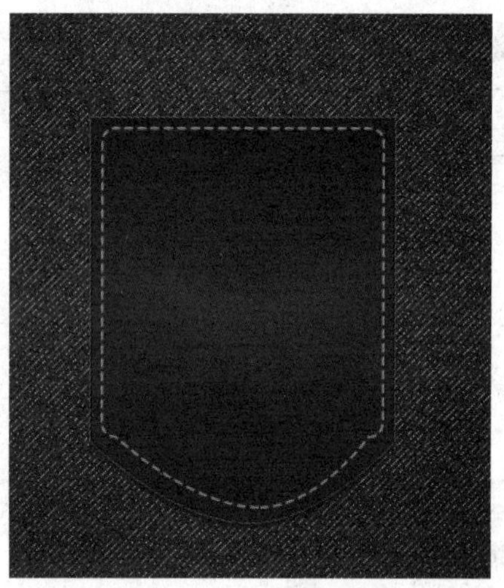

图 10-25　口袋面缝线效果

6. 复制刚制作的“缝线”图层并重命名为“缝线 1”，选择“编辑”主菜单中选择“自由变换路径”子菜单“垂直缩放”与“水平缩放”均设置为 97%。两层缝线的效果如图 10-26 所示。

图 10-26　口袋面两层缝线效果

7. 口袋、缝线都画好了，是不是感觉口袋还不像真实的呢，那是因为缺少牛仔的纹理。

制作之前做好的“背景纹理”图层，移到口袋面料的上面，这里建立复制两个，一个给口袋衬底层，一个给口袋表面层。这样方便后面给口袋表面下方添加阴影。

注意，需要放在缝线图层的下方。

衬底层的纹理，用“Ctrl”键选中衬底层，选区缩小 2px，给纹理添加蒙版。

任务三　制作牛仔口袋放置苹果手机的效果

1. 将苹果手机的素材，添加到场景中，如图 10-27 所示。

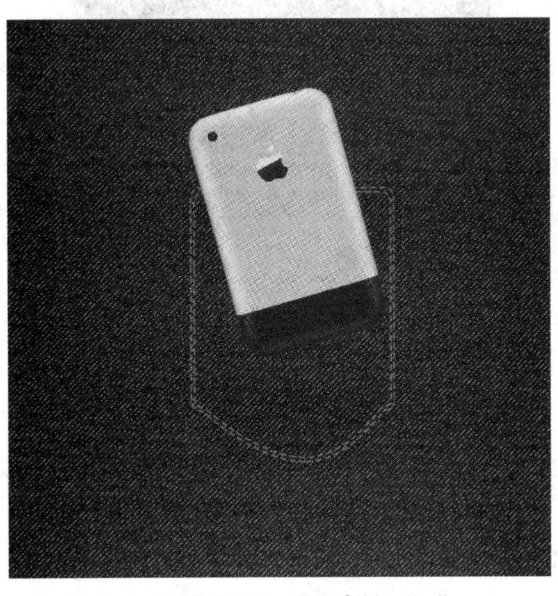

图 10-27　置入素材

2. 按“Ctrl”键选出口袋面的选区，进行反选，并给苹果手机的素材添加蒙版（前景色为黑色，背景色为白色），如图 10-28 所示。

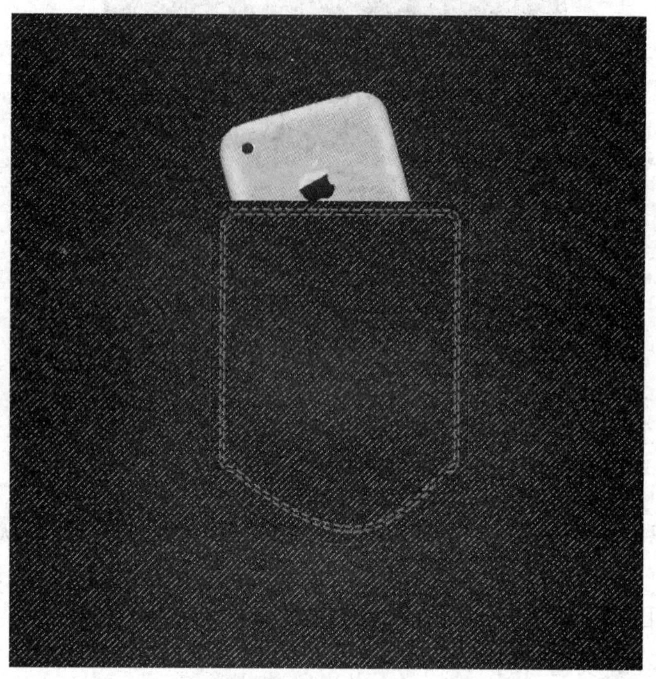

图 10-28　添加蒙版

3. 将“缝线”与“缝线 1”两图层进行栅格化处理，用橡皮擦工具擦除“缝线”与“缝线 1”两图层最上端的缝线，效果如图 10-29 所示。

图 10-29　图层栅格化处理

4. 首先要复制“口袋面”图层生成“口袋面副本”和“背景纹路副本”图层生成“背景纹路副本 3”，合并“口袋面副本”和“背景纹路副本 3”两个图层生成“背景纹路副本 3”，如图 10-30

所示。

图 10-30　图层合并

5. 按“Ctrl”键选出苹果手机的选区，进行反选。

6. 用颜色加深工具，对选中的部分进行颜色加深的操作，制作出突起部分的明暗关系，效果如图 10-31 所示。

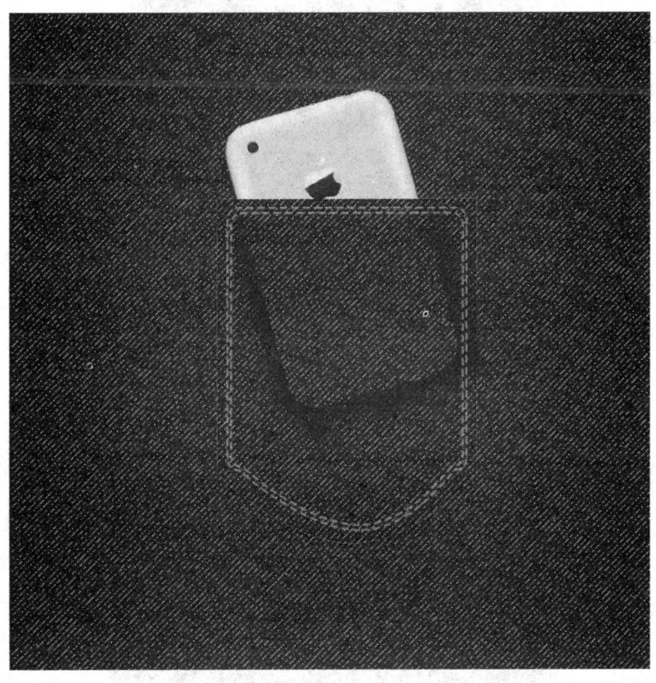

图 10-31　突起效果

任务四　添加商标

1. 制作一个自己的 LOGO，新建一图层，并在图层中画一矩形(属性如图 10-32 所示)，效果如图 10-33 所示。

图 10-32　LOGO 颜色

图 10-33　LOGO 形状

2. 在矩形中书写“lovies”文字(属性如图 10-34 所示),效果如图 10-35 所示。

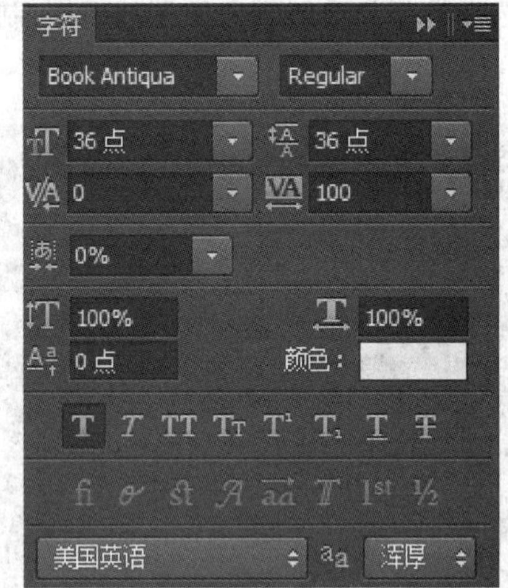

图 10-34　字体设置

图 10-35　文字效果

3. 将"矩形 1"图层与"lovies"图层进行合并成为"lovies"图层。

4. 按"Ctrl"键选出"lovies"图层的选区，旋转 90 度，同时将"垂直缩放"与"水平缩放"设置为 40%，效果如图 10-36 所示。

图 10-36　LOGO 效果

5. 最后，将"lovies"图层移到"缝线"图层的下方，效果如图 10-37 所示。

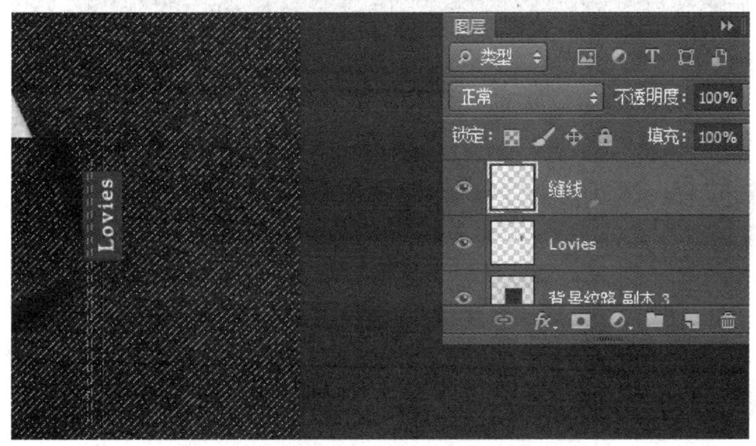

图 10-37　移动图层

项目小结

通过制作手绘牛仔裤的按钮网络广告，综合运用了铅笔工具、滤镜、图层样式、矩形工具、自由变换工具、图层蒙版等工具，锻炼了独立制作一个简单美工项目的基本技能。

基本练习

手绘牛仔裤的浮动网络广告的制作：

此例制作的是另一种风格的牛仔纹理质感，手绘感强烈，特别适合运用于插画作品中人物服饰的纹理表现。某服装公司需要在其官网首页上放置一个牛仔裤的浮动网络广告。请设计并制作手绘牛仔裤的浮动网络广告。（参考设计制作的手绘牛仔裤的浮动网络广告如图 10-38 所示。）

图 10-38　手绘手仔裤的浮动网络广告

拓展训练

Jean 记事本的制作：

高档记事本成为众多商务人士从事商务活动的首选，某文具公司现需要制作一个 Jean 记事本的封面。请设计并制作出 Jean 记事本的封面。(参考设计制作的 Jean 记事本的封面如图 10-39 所示。)

图 10-39　Jean 记事本封面

项目十一　白酒广告的制作

项目概要

在物质文化日益发展的今天，酒类的文化越来越有涵义，而酒类的广告也越来越与众不同。某白酒股份有限公司现需要在酒仙网的首页上放置一个白酒的横幅网络广告。

项目分析

如何才能设计出一款具有创意的酒类网络广告呢？在本项目中，设计师运用辉煌的天空和建筑作为背景，同时添加耀眼的光效增加画面的视觉冲击力，加入简短的文字介绍，整个画面显得饱满有力，不失为一款好的网络广告设计。

任务实施

任务一　制作背景

要制作出高端大气的白酒广告，那么背景的选择也必须符合主题，用宏伟的建筑和天空来充当背景。

1. 启动 Photoshop CS6，按"Ctrl＋N"组合键新建一个"白酒广告"文件，具体参数设置如图 11-1 所示。

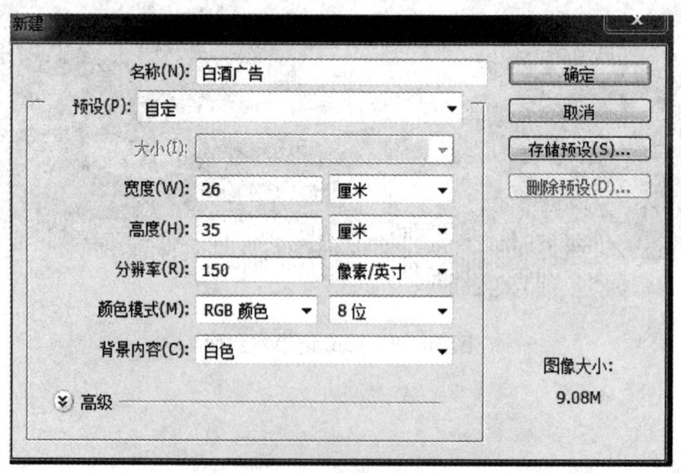

图 11-1　新建文件

2. 新建一个"底色"图层，然后设置前景色为(R:237，G185，B:100)，接着使用"矩形选框工具" 绘制出合适的选区，并填充选区，效果如图 11-2 所示。

图 11-2　新建“底色”图层

3. 置入素材文件“素材 11-1. png”文件，然后调整素材大小和位置，接着按“Ctrl＋J”组合键复制出一个“素材 11-1”图层的混合模式为“正片叠底”，设置“素材 11-1 副本”图层的混合模式为“叠加”，效果如图 11-3 所示。

图 11-3　置入素材

4. 在“素材 11-1”图层面板下方单击“添加图层蒙版”按钮，然后选择“渐变工具”，接着在渐变编辑器中设置第 1 个颜色为黑色、第 2 个颜色为黑色，第 3 个颜色为白色，如图 11-4 所示，最后使用线性渐变按照从上到下的方向为蒙版填充渐变色，以同样的方法为“素材 11-1 副本”图层添加渐变蒙版，效果如图 11-5 所示。

图 11-4 “渐变编辑器”设置

图 11-5 添加渐变蒙版

5. 置入素材文件“素材 11-2.jpg”文件，然后调整好素材大小和位置，如图 11-6 所示，确定当前图层为“素材 11-2”图层，然后在“图层”面板下方单击“添加图层蒙版”按钮，选择“渐变工具”，接着在渐变编辑器中设置第 1 个颜色为黑色、第 2 个颜色为白色，最后使用线性渐变按照从上到下的方向为蒙版填充渐变色，效果如图 11-7 所示。

图 11-6　置入素材

图 11-7　添加渐变蒙版

6. 按“Ctrl＋B”组合键弹出“色彩平衡”对话框，然后在对话框中设置“色阶”参数为(＋32、－20、＋4)，具体参数设置如图 11-8 所示，效果如图 11-9 所示。

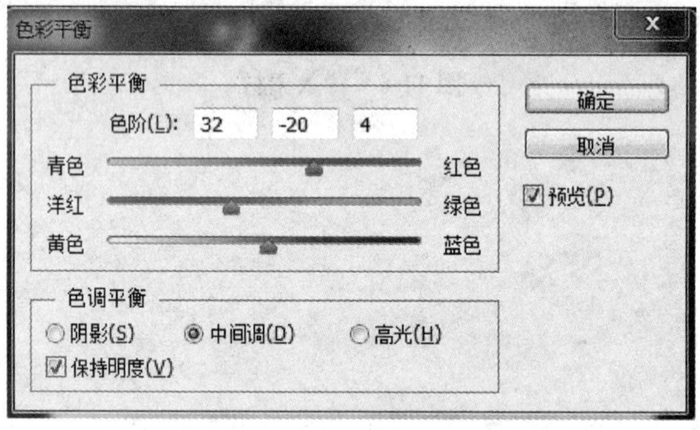

图 11-8　“色彩平衡”设置

图 11-9　色彩平衡后效果

7. 按“Ctrl＋J”组合键复制一个天空素材的副本图层，然后设置副本图层的“混合模式”为线性加深、“不透明度”为 10%，效果如图 11-10 所示。

图 11-10　天空副本混合模式效果

8. 置入素材文件“素材 11-3. png”文件，然后设置图层的“混合模式”为“变亮”，效果如图 11-11 所示 ，然后在“图层”面板下方单击“添加图层蒙版”按钮，选择“渐变工具”，接着在渐变编辑器中设置第 1 个颜色为黑色、第 2 个颜色为白色，最后使用线性渐变按照从左上到右下的方向为蒙版填充渐变色，效果如图 11-12 所示。

图 11-11　置入素材

图 11-12　添加渐变蒙版

任务二　制作主体效果

产品是最重要的部分，这里以一个大的产品图片来体现画面的视觉冲击力。

1. 置入素材文件“素材 11-4. png”文件，然后调节素材大小与位置，接着在“图层”面板下方单击“添加图层样式”按钮，在弹出的菜单中选择“外发光”命令，在“外发光”对话框里设置“不透明度”为 75%，如图 11-13 所示，最后单击左侧的“投影”样式，具体参数设置如图 11-14所示，效果如图 11-15 所示。

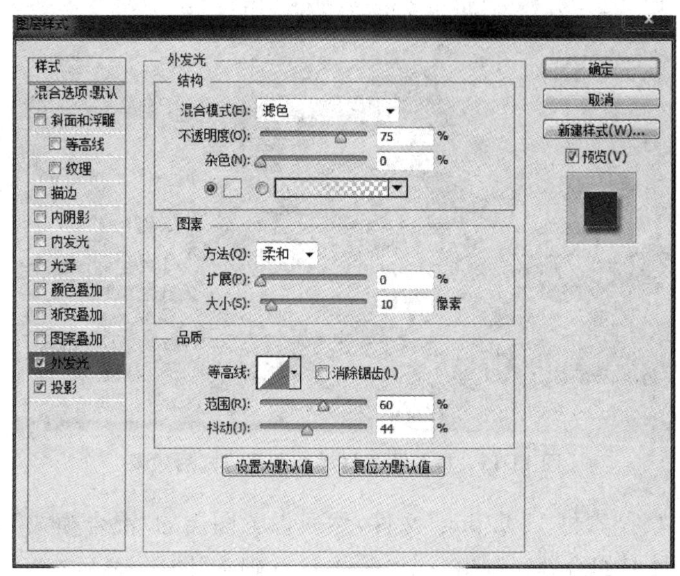

图 11-13　“外发光”设置

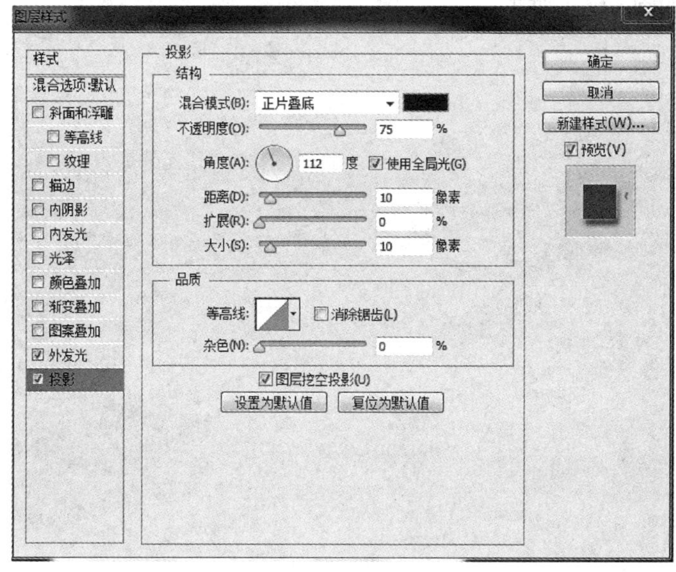

图 11-14　“投影”设置

图 11-15　置入酒素材添加图层样式后效果

2. 置入素材文件“素材 11-5. png”文件，然后设置图层的“混合模式”为“线性减淡(添加)”，接着按“Ctrl+J”组合键复制出一个“素材 11-5 副本”图层，最后按“Ctrl+T”组合键进入自由变换模式，单击鼠标右键，在弹出菜单中选择“水平翻转”命令，再调整素材位置，如图 11-16 所示，效果如图 11-17 所示。

图 11-16　置入光素材添加图层样式后效果

图 11-17　复制发光效果

3. 新建一个“底色”图层，然后设置前景色为(R:23,G:15,B:0)，接着使用“矩形选框工具”绘制出合适的选区，并填充选区，效果如图 11-18 所示。

图 11-18　底色

4. 置入素材文件“素材 11-6. png”文件，然后调节好大小与位置，分别设置两个图层的“图层样式”中的“投影”样式，具体参数设置如图 11-19 所示，效果如图 11-20 所示。

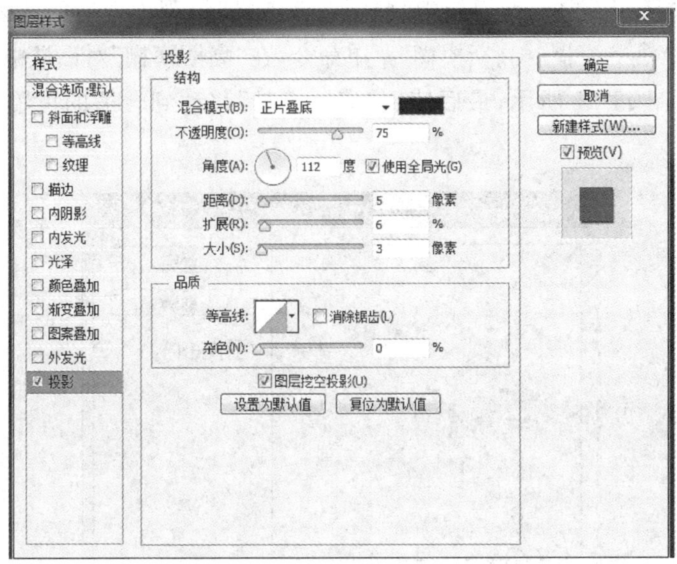

图 11-19　“投影”设置

图 11-20　置入素材

5. 新建一个“阴影”图层，然后使用“椭圆选框工具”绘制出合适的选区，并用白色填充选区；接着执行“滤镜→模糊→高斯模糊”菜单命令，在“高斯模糊”对话框中设置“半径”为 45 像素，具体参数如图 11-21 所示，最后使用“移动工具”移动到合适的位置，效果如图 11-22 所示。

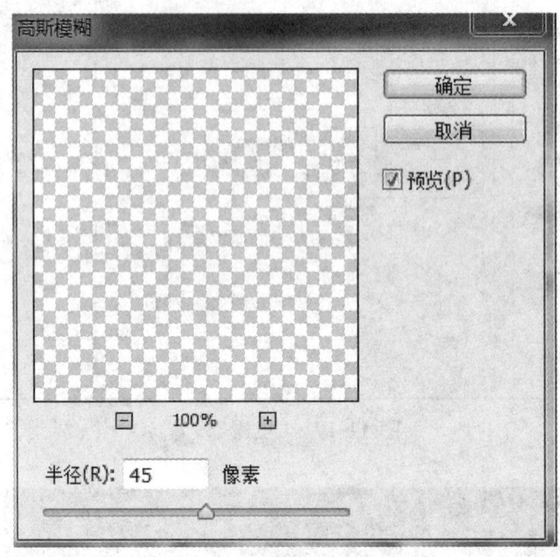

图 11-21 “高斯模糊”设置

图 11-22 左边阴影

6. 确定当前图层为“阴影”图层，然后按“Ctrl＋J”组合键复制出一个副本图层，并移动到合适的位置，效果如图 11-23 所示。

图 11-23　两侧阴影

任务三　制作字体

由于画面和整体感觉比较稳重，因此文字最好选择比较稳重不浮夸的样式。

1. 使用“横排文字工具”在绘图区域内输入文字“品味经典塑造传奇”(字体：微软雅黑)，然后在“图层”面板下方单击“添加图层样式”按钮，在弹出的菜单中选择“渐变叠加”命令，接着在“渐变叠加”对话框里选择“渐变”，设置第 1 个颜色的色标为(R：255，G：110，B：2)、第 2 个颜色的色标为(R：255，G：255，B：0)、第 3 个颜色的色标为(R：255，G：110，B：2)，如图 11-24 所示，效果如图 11-25 所示。

图 11-24 “渐变编辑器”设置

图 11-25 “品味经典 塑造传奇”文字效果

2. 使用“横排文字工具”在绘图区域内输入其他文字，效果如图 11-26 所示。

图 11-26　其他文字效果

3. 置入素材文件“素材 11-7. png”文件，然后调节素材大小与位置，接着按“Ctrl＋J”组合键复制出一个副本图层，并移动到合适的位置，最终效果如图 11-27 所示。

图 11-27　置入素材

项目小结

通过制作白酒的横幅网络广告，综合运用了矩形选框工具、图层样式、滤镜、文字工具、图层蒙版、渐变工具等工具，锻炼了独立制作一个简单美工项目的基本技能。

基本练习

饮品网络广告的制作：

饮品的浮动网络广告的制作，制作要求简明扼要，形式要做到新颖美观。某阳光乐饮料公司需要在其官网首页上放置一个鲜果粒饮料的浮动网络广告。请设计并制作鲜果粒饮料的浮动网络广告。（参考设计制作的鲜果粒饮料的浮动网络广告如图 11-28 所示。）

图 11-28　鲜果粒饮料浮动网络广告

拓展训练

化妆品网络广告的制作：

随着社会发展的加快，人们对于化妆品的消费从商店和超市走向网购，让护肤、彩妆成为生活中必不可少的课题。妆容的精致直观展现了一个人的精神素养，更是个人魅力的体现。某化妆品公司现需要制作一个新开发出的护肤产品横幅网络广告。请设计并制作护肤产品横幅网络广告。（参考设计制作的护肤产品横幅网络广告如图 11-29 所示。）

图 11-29 化妆品网络广告

项目十二　服饰网页的 Banner 设计与制作

项目概要

中高档服装网上销售的销量增速在各品类服饰中最为明显。某服饰公司跟随电子商务发展趋势，现需要重新设计并用 Photoshop 制作一个外观精美的网页。

项目分析

根据企业希望向浏览者传递的信息（包括产品、服务、理念、文化）进行网站功能策划，然后进行页面的美化设计工作。作为企业对外宣传材料其中的一种，精美的网页设计，对于提升企业的互联网品牌形象至关重要。本项目设计一款服装网页，画面背景采用深色，视线集中在中间的主要区域，个性化的文字样式突出标题，精美的 Banner 使得画面更加精致。

任务实施

任务一　制作背景

选择颜色较深的磨砂图案作为背景，能够使商品信息更加突出。

1. 启动 Photoshop CS6，按"Ctrl＋N"组合键新建一个"服饰网页中的 Banner 设计"文件，具体参数设置如图 12-1 所示。

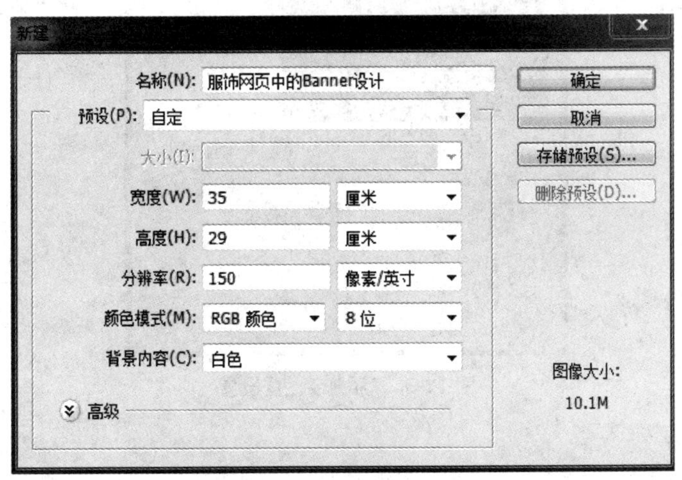

图 12-1　新建文件

2. 新建一个"底色"图层，然后设置前景色为(R：58，G：51，B：37)，并对图层进行填充，如图 12-2 所示；执行"滤镜→杂色→添加杂色"菜单命令，然后在"添加杂色"对话框中设置

"数量"为3%,具体参数设置如图12-3所示,效果如图12-4所示。

图 12-2　新建"底色"图层

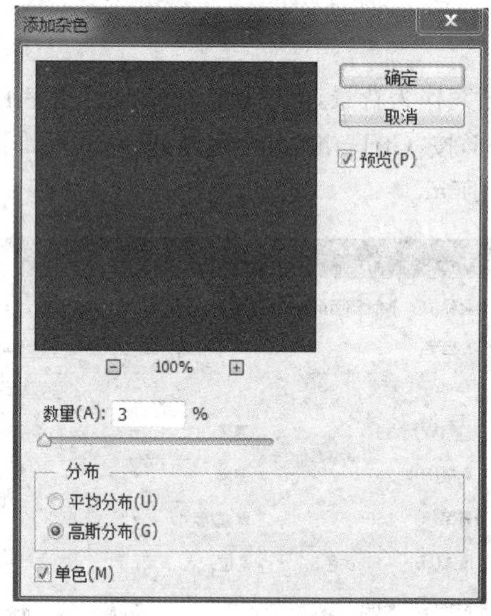

图 12-3　"添加杂色"设置

图 12-4　底色效果

3. 置入素材文件“素材 12-1. psd”文件，并双击“素材 12-1”图层得到“1”图层与“2”图层，然后设置“1”图层的“混合模式”为“差值”，设置“2”图层的“不透明度”为 40%，接着调整素材大小与位置(将“底色”图层还原为原有的颜色)，效果如图 12-5 所示。

图 12-5　置入素材

4. 新建一个“图层 1”图层，然后选择“钢笔工具”，绘制出合适的选区，并对选区填充白色，效果如图 12-6 所示。

图 12-6　新建“左侧”图层

5. 新建一个“右侧”图层，选择“渐变工具”，接着在渐变编辑器中设置第 1 个颜色的色标为(R:65,G:60,B:46)、第 2 个颜色的色标为(R:33,G:30,B:23)，最后从上到下为选区填充使用线性渐变色，如图 12-7 所示；按照以上相同的方法为图层添加杂点，效果如图 12-8 所示。

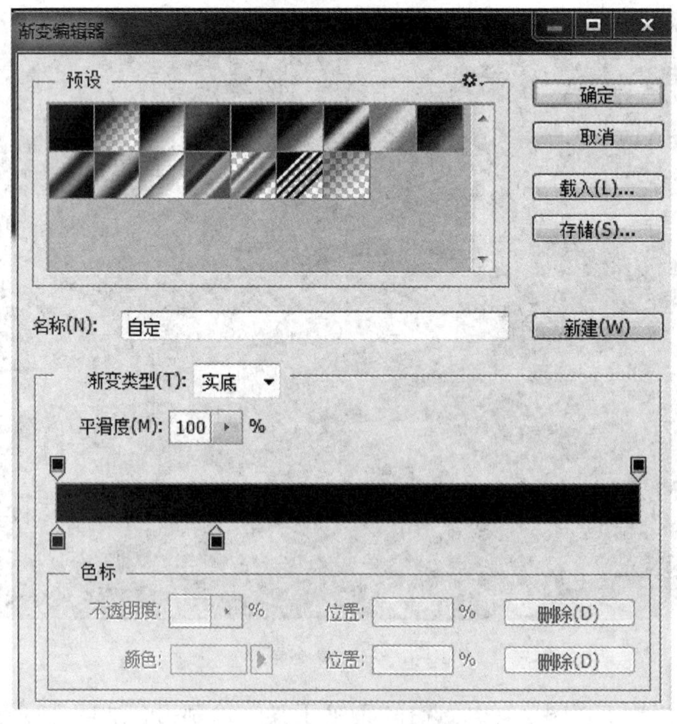

图 12-7　“渐变编辑器”设置

图 12-8　新建“右侧”图层

6. 新建一个“竖条”图层，然后使用“矩形选框工具”绘制出合适的选区，并用黑色填充选区，接着按照这样的方式绘制多个竖条，并按“Ctrl＋T”组合键进入自由变换模式，对其进行适当的旋转，如图 12-9 所示；最后设置图层的“不透明度”为 30％，效果如图 12-10 所示。

图 12-9　新建“竖条”图层

图 12-10 “竖条”图层效果

7. 接着在“图层”面板下方单击“添加图层蒙版”按钮，然后选择“渐变工具”，接着在渐变编辑器中设置第 1 个颜色为白色、第 2 个颜色为黑色，最后使用线性渐变按照从上到下的方向为蒙版填充渐变色，效果如图 12-11 所示。

图 12-11 添加渐变蒙版

8. 新建一个图层，然后使用“钢笔工具”，绘制出合适的选区，并对选区填充白色，效果如图 12-12 所示。

图 12-12　选区形状

9. 在“图层”面板下方单击“添加图层样式”按钮，然后在弹出的菜单中选择“斜面和浮雕”命令，在“斜面和浮雕”对话框中设置“深度”为 265%、“大小”为 3 像素、“角度”为 139 度、“高度”为 16 度，具体参照设置如图 12-13 所示，接着选择左侧的“渐变叠加”命令，选择“渐变编辑器”，设置第 1 个颜色的色标为(R:142,G:126,B:98)、第 2 个颜色的色标为(R:100,G:89,B:74)、第 3 个颜色的色标为(R:143,G:128,B:101)、第 4 个颜色的色标为(R:170,G:157,B:121)，如图 12-14 所示，最后设置“角度”为 16 度，具体参数如图 12-15 所示。

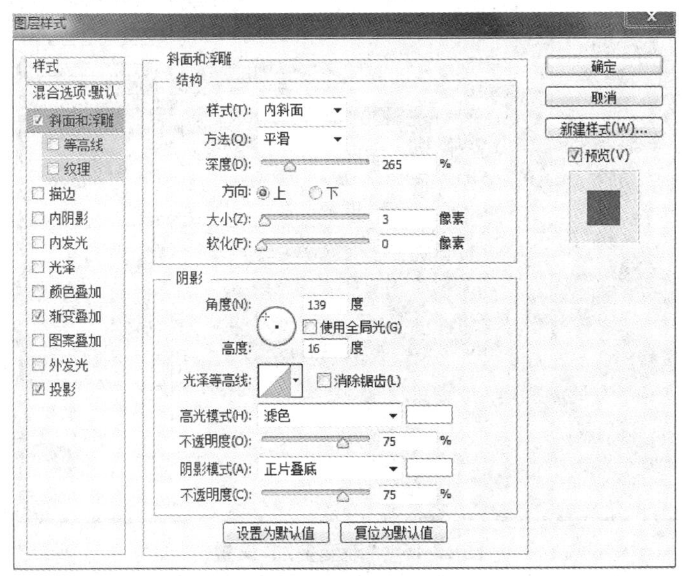

图 12-13　“斜面和浮雕”对话框

图 12-14 “渐变编辑器”设置

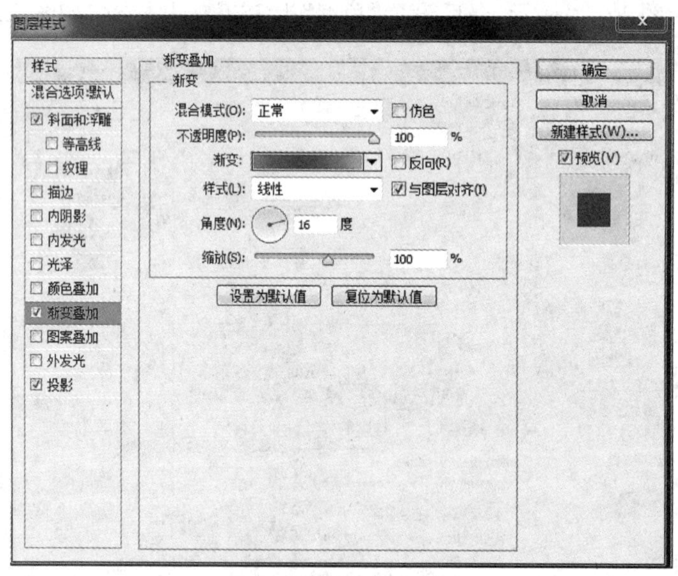

图 12-15 “渐变叠加”设置

10. 选择左侧的“投影”样式，然后在“投影”对话框中设置“距离”为 2 像素、“大小”为 5 像素，具体参数设置如图 12-16 所示，效果如图 12-17 所示。

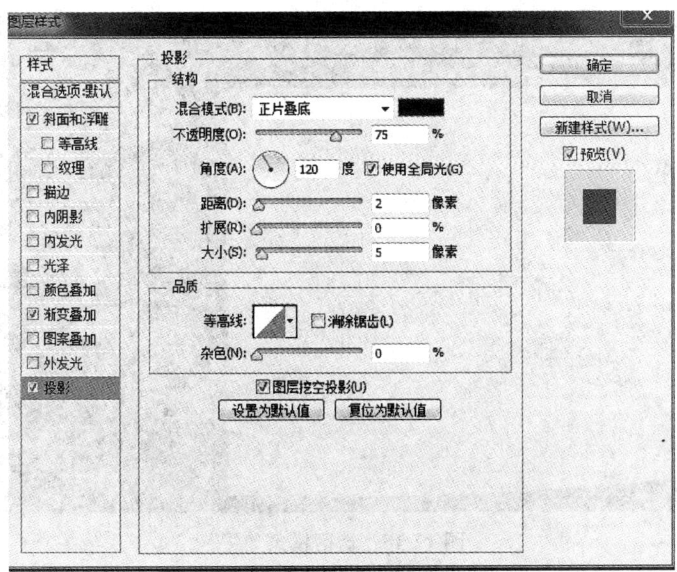

图 12-16　“投影”设置

图 12-17　选区效果

11. 使用“矩形选框工具”运用以上制作横条的方法绘制出如图 12-18 所示的效果，然后运用相同的方法绘制出其他图形，效果如图 12-19 所示。

图 12-18　选区模条效果

图 12-19　多个选区效果

任务二　图片的排列

图片应排列得整齐有序，使画面具有美感。

1. 置入素材文件“素材 12-2.jpg”文件，效果如图 12-20 所示。

图 12-20　置入素材

2. 新建一个“蓝色”图层，然后选择“钢笔工具”绘制出合适的选区，接着打开“渐变编辑器”对话框，设置第 1 个颜色的色标为(R:226，G:248，B:251)、第 2 个颜色的色标为(R:42，G:179，B:196)，如图 12-21 所示，最后使用线性渐变按照从上到下的方向为蒙版填充渐变色，效果如图 12-22 所示。

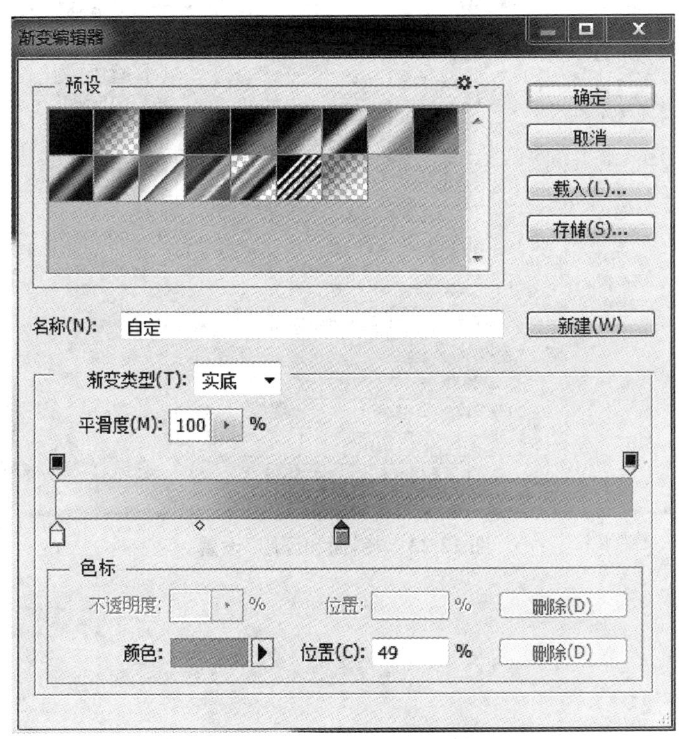

图 12-21　“渐变编辑器”设置

图 12-22　填充渐变蒙版

3. 在“图层”面板下方单击“添加图层样式”按钮，然后在弹出的菜单中选择“斜面和浮雕”命令，在“斜面和浮雕”对话框设置“大小”为 5 像素，具体参数设置如图 12-23 所示，效果如图 12-24 所示；接着运用以上相同的方法制作出其他图形，效果如图 12-25 所示 。

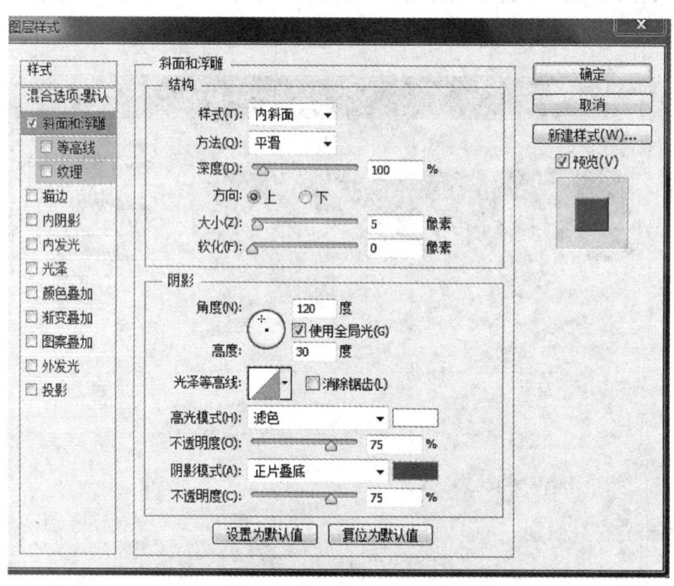

图 12-23　“斜面和浮雕”设置

图 12-24　斜面和浮雕设置后效果

图 12-25　添加其他形状后效果

4. 置入“素材 12-3. psd”文件，效果如图 12-26 所示。

图 12-26　置入素材

5. 新建一个“横条”图层，然后使用“矩形选框工具”绘制出合适的选区，并用黑色填充选区，接着设置图层的“不透明度”为 70%，效果如图 12-27 所示。

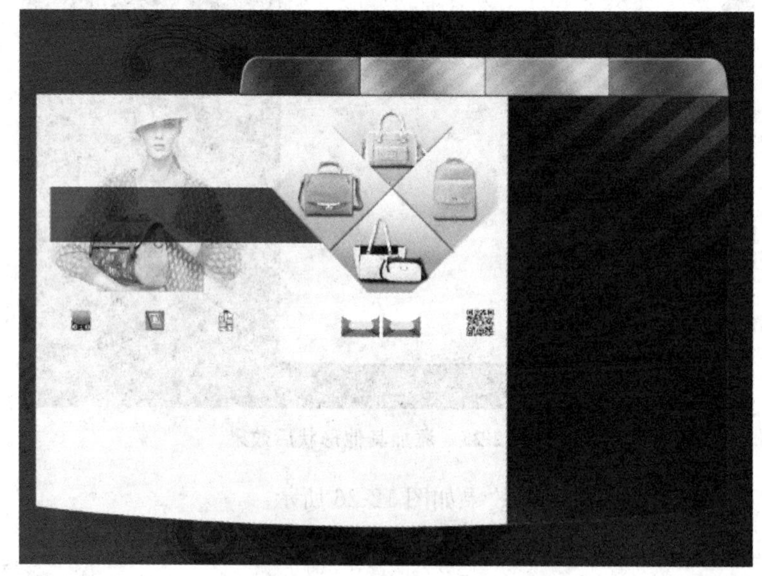

图 12-27　新建“模条”图层

6. 使用“横排文字工具”在绘图区域中输入文字（字体：Ignis et Glacies Sharp），效果如图 12-28 所示。

图 12-28　输入文字

7. 新建一个“点”图层，然后使用“钢笔工具”绘制出合适的选区，并填充合适的颜色，效果如图 12-29 所示。

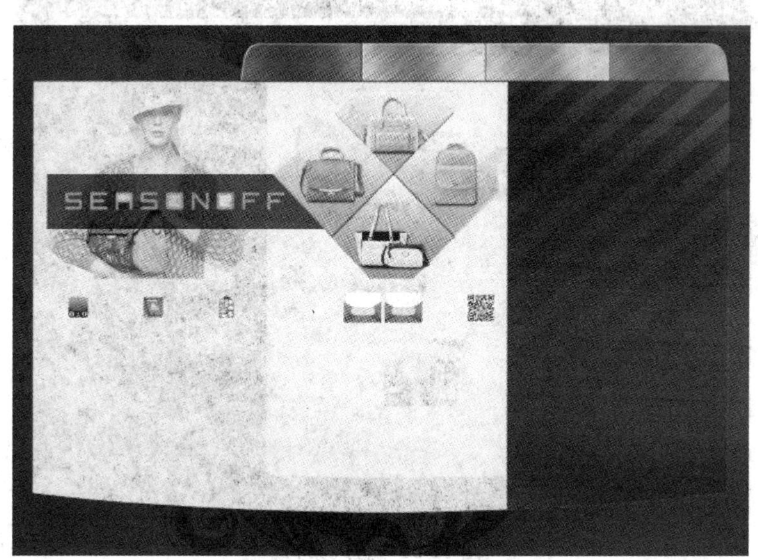

图 12-29　新建“点”图层

8. 置入“素材 12-4. psd”文件，并将素材移动到合适的位置，效果如图 12-30 所示。

图 12-30　置入素材

9. 置入“素材 12-5. png”文件，如图 12-31 所示，然后按“Ctrl＋J”组合键复制出两个副本图层，并移动到合适的位置，效果如图 12-32 所示。

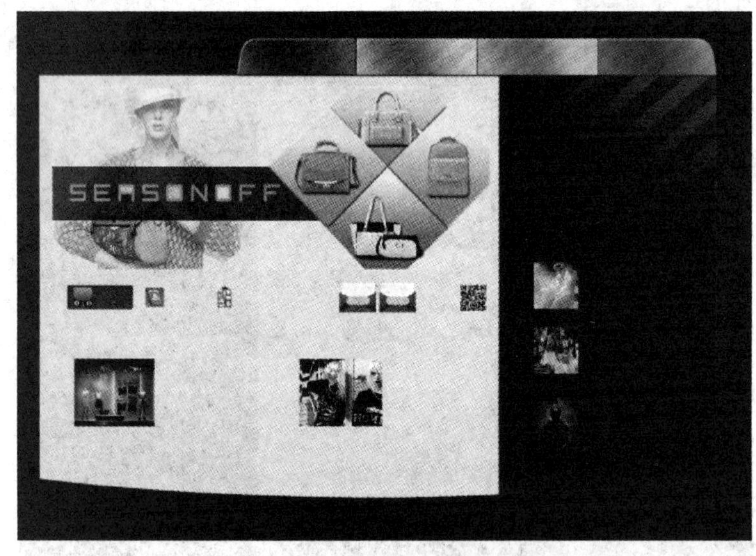

图 12-31　置入素材

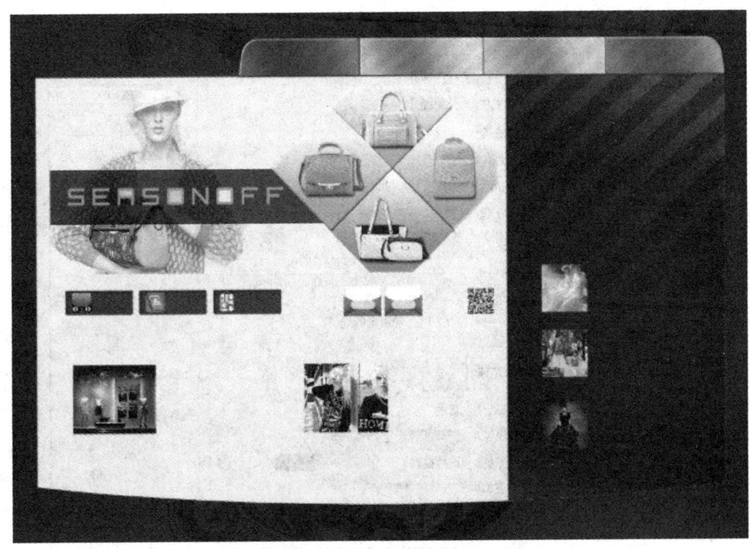

图 12-32　复制出两个副本图层

10. 新建一个“框”图层，然后使用“矩形选框工具”绘制出合适的选区，并使用黑色进行填充，如图 12-33 所示。接着在“图层”面板下方单击“添加图层样式”按钮，在弹出的菜单中选择“斜面和浮雕”命令，最后在“斜面和浮雕”对话框中设置“深度”为 70%、“大小”为 3 像素，具体参数设置如图 12-34 所示，效果如图 12-35 所示。

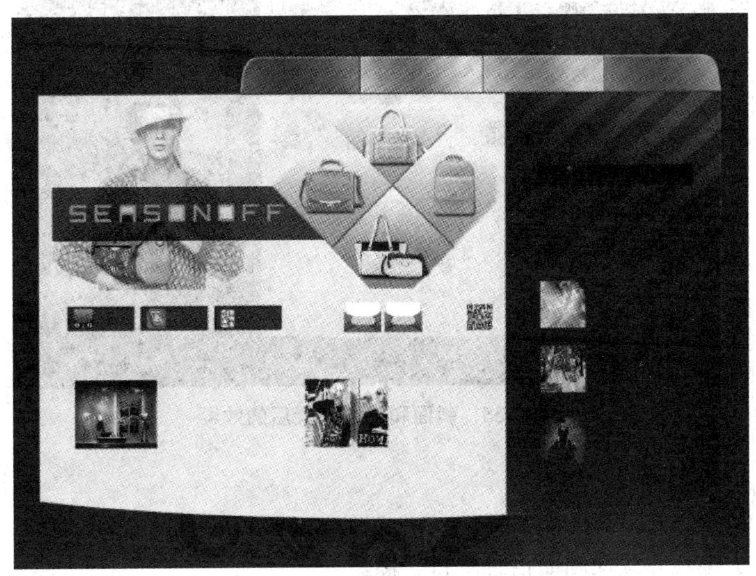

图 12-33　新建“框”图层

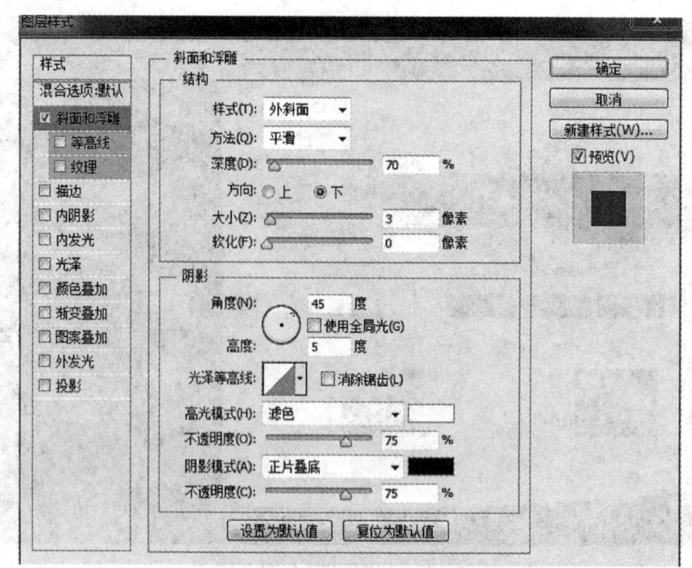

图 12-34 “斜面和浮雕”设置

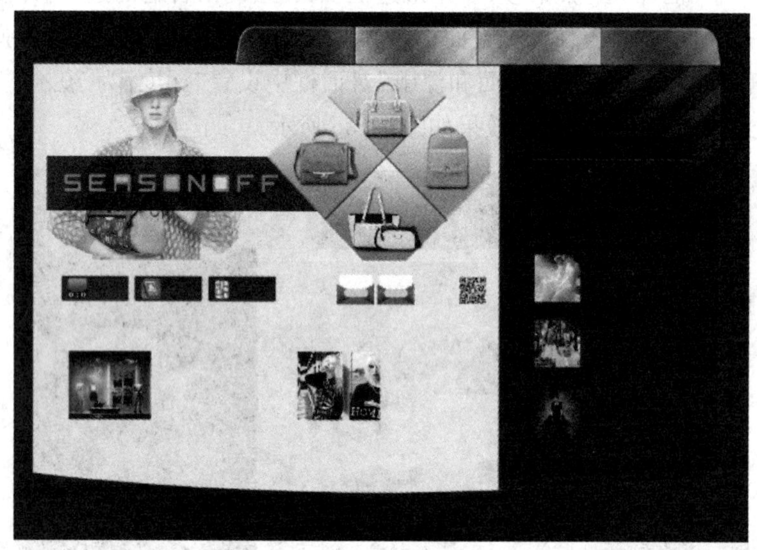

图 12-35 斜面和浮雕设置后的效果

任务三 制作文字

简洁的文字排列方式使画面信息一目了然。

1. 使用“横排文字工具”在绘图区域中输入其他文字,并设置合适的颜色和大小,效果如图 12-36 所示;然后置入“素材 12-6. psd”文件,并调整素材位置,效果如图 12-37 所示。

图 12-36　输入文字

图 12-37　置入素材后效果

2. 新建一个“线”图层，然后使用“矩形选框工具”绘制出合适的选区，并填充白色，接着继续使用“矩形选框工具”绘制出合适的选区并填充黑色，如图 12-38 所示，运用相同的方法绘制出另一图形，效果如图 12-39 所示。

图 12-38　新建“线”图层

图 12-39　“线”图层效果

3. 新建一个“弧线”图层，然后设置前景色为(R:45,G:24,B:14)，接着使用“钢笔工具”绘制出合适的选区，并填充选区，如图 12-40 所示，最后设置图层的“填充”为 70%，效果如图 12-41 所示。

图 12-40　新建“弧线”图层

图 12-41　“弧线”图层效果

项目小结

通过设计并用 Photoshop 制作一个外观精美的网页，综合运用了钢笔工具、滤镜、图层样式、矩形选框工具、渐变工具、文字工具等工具，锻炼了独立制作一个简单美工项目的基本技能。

基本练习

网站 LOGO 设计与制作：

作为具有传媒特性的 LOGO，为了在最有效的空间内实现所有的视觉识别功能，一般是通过特示图案及特示文字的组合，达到对被标识体的出示、说明、沟通、交流，从而引导受众的兴趣，达到增强美誉、记忆等目的。某咖啡厅需要为其官网设计并制作一网站 LOGO。请设计并制作咖啡厅网站的 LOGO。（参考设计制作的咖啡厅网站的 LOGO 如图 12-42 所示）

图 12-42
咖啡厅网站 LOGO

拓展训练

选秀活动主页的制作：

现如今大多数活动（如会议、竞赛等）都需要设计制作一个活动网站，天龙网络游戏公司现需要为天龙网络游戏直播选取主播的活动制作选秀活动主页。请设计并制作出选秀活动主页。（参考设计制作的选秀活动主页如图 12-43 所示。）

图 12-43　选秀活动主页

参考文献

[1] 宋丽颖. Photoshop CS6 从入门到精通[M]. 北京:人民邮电出版社,2015.3

[2] 张珈瑞. Photoshop CS 4 案例教程[M]. 北京:北京大学出版社,2011.7

[3] 刘逸. Photoshop CS6 特效设计经典. 北京:中国青年出版社,2012.10

[4] 海天. Photoshop CS6 500 例[M]. 北京:电子工业出版社,2013.11

[5] 章毓晋. 图像处理基础教程[M]. 北京:电子工业出版社,2012.12

[6] Wilhelm Burger Mark J. Burge. 数字图像处理基础[M]. 北京:清华大学出版社,2015.3

[7] PS 学习网. http://www. ps—xxw. cn/shilijiaocheng/8779. html

[8] 蓝色思想. http://www. blueidea. com/tech/graph/2009/6807. asp

[9] 站酷. http://www. zcool. com. cn/

[10] UI 制造者. http://www. uimaker. com/uimakerhtml/uistudy/

[11] 魏超. 网络广告[M]. 北京:中国轻工业出版社,2014.7

[12] 中国 Photoshop 资源网. http://www. 86ps. com/

[13] 王莉红. 商务信息检索[M]. 北京:对外经济贸易大学出版社,2010.7

[14] 钟伟. 商务信息系统与电子商务(英文版)[M]. 北京:科学出版社,2014.4

[15] 百度百科. http://baike. baidu. com/

[16] 陈帆. 商业摄影实拍案例[M]. 北京:电子工业出版社,2016.1

[17] 刘君武. 静物与产品摄影——布光、拍摄与修图技法[M]. 北京:电子工业出版社,2016.1

[18] 远望图书. 单反数码摄影专家技法[M]. 重庆:重庆大学出版社,2011.6

[19] 摄影巴士. http://www. fsbus. com/sheyingjiaocheng/15894. html

[20] 亿瑞设计. 画卷——Photoshop CS6 从入门到精通(实例版)[M]. 北京:清华大学出版社,2013.5

[21] 美国 Adobe 公司. Adobe Photoshop CS6 中文版经典教程(彩色版)[M]. 北京:人民邮电出版社,2014.5

[22] 张梅. Adobe Photoshop CS6 图像设计与制作技能实训教程[M]. 北京:科学出版社,2013.3

[23] 林兆胜. Photoshop CS6 白金手册[M]. 北京:电子工业出版社,2013.1

[24] 单立娟. Adobe Photoshop CS6 图像设计与制作案例技能实训教程[M]. 北京:北京希望电子出版社,2014.1